COLLECTION D'AFFRY

Première Partie.

CATALOGUE

D'UNE BELLE COLLECTION

D'ESTAMPES

ANCIENNES & MODERNES

Des Écoles Française, Allemande, Flamande,
Hollandaise, etc.

PRINCIPALEMENT DE L'ÉCOLE DE RUBENS

PORTRAITS

LIVRES A FIGURES

COMPOSANT LE CABINET

De Feu M. d'Affry de la Monnoye

DONT LA VENTE AUX ENCHÈRES PUBLIQUES AURA LIEU

HOTEL DROUOT

SALLE N° 4

Le Lundi 15 Février 1869 et les cinq jours suivants

A UNE HEURE PRÉCISE

Me DELBERGUE-CORMONT, Commissaire-Priseur,
rue de Provence, 8.

Me BAUDRY, son confrère, rue Neuve-des-Petits-Champs, 28.

Assistés de **M. CLÉMENT**, M^d d'Estampes de la Bibliothèque Impériale,
rue des Saints-Pères, 3.

EXPOSITION PUBLIQUE

Le Dimanche 14 Février 1869, de une heure à cinq heures

PARIS — 1869

CONDITIONS DE LA VENTE

———

Elle sera faite au comptant.

Les Adjudicataires paieront CINQ POUR CENT, en sus des ꝺnchères.

———

L'expert chargé de la vente se réserve la faculté de diviser les lots.

———

ORDRE DES VACATIONS

———

———

DÉSIGNATION

DES

ESTAMPES

—❧—

1 **Aldegraver** (H.). Hercule étouffant Anthée. (B. 88.) Belle ép.

2 **Almeloven et Aken.** Paysages divers. Dix pièces, belles ép.

3 **Anderloni** (P.). Moïse et les Filles de Jethro, d'ap. Poussin, — Jésus et la Femme adultère, d'ap. Titien. Deux pièces, belles ép.

4 — Pierre-le-Grand, empereur de Russie. Deux ép. avant et avec la lettre.

5 **Ardell** (J. M.). Moïse sauvé des eaux, — le Temps coupant les ailes de l'Amour. Deux pièces d'ap. Van-Dyck. Belles ép.

6 — Lady Southampton, d'ap. Van-Dyck. Belle ép.

7 **Audran** (G.). Dieu apparaissant à Isaac, d'ap. Raphaël, Jésus et la Femme adultère, d'ap. N. Poussin. Deux pièces, belles ép.

8 — La Résurrection. d'ap. Ant. Coypel. Très-belle ép. avant la lettre, plus une ép. avec la lettre. Deux pièces.

9 — L'Enlèvement de la Vérité, d'ap. N. Poussin. Belle ép.

10 — La Peste d'Éaque, d'ap. Mignard. Belle ép.

11 Audran, Chereau, Natalis et Trouvain. D'Estrées (J.). d'ap. Rigaud, le Cardinal Fleury, d'ap. Rigaud, Albret (E. Th. de la Tour-d'Auvergne, duc d') d'ap. Mignard, Buc (D. A. du), d'ap. P. Simon. Cinq pièces dont une double. très-belles ép.

12 Audran, Duchange et Surugue. Coypel (N.). peintre, d'ap. lui-même, Guellain (S.), sculpteur d'ap. Coypel, Coypel (A.) peignant le portrait de son fils, d'ap. lui-même. Trois pièces, très-belles ép.

13 Audoin et Porporati. Vénus blessée, d'ap. Raphael, — La Vierge au lapin blanc, d'ap. P. Girgenti. Deux pièces.

14 Audoin et Guérin. Jupiter et Antiope. — L'Amour désarmé. Deux pièces d'ap. Corrége. Belles ép.

15 Aubry et Carmontelle (d'ap.). Les Adieux de la nourrice, par de Launay. — Pas de deux, dansé dans l'Opéra de Sylvie, par Tilliard. Deux pièces, belles ép.

16 Bailliu (P. de). Jésus-Christ à la croix, d'ap. Van-Dyck. Sup. ép.

17 — Renaud et Armide dans la vallée enchantée, d'ap. Van-Dyck. Très-belle ép.

17 (bis) — La même estampe.

18 Baillu et P. de Jode. La Flagellation, Jésus présenté au peuple. Deux pièces, d'ap. Diepenbeke. Très-belles ép. du premier état, avec l'adresse de Martin Vanden-Enden.

18 (bis) Les mêmes estampes, même état que les précédentes.

19 P. Baillu et Vander Does. Albert, comte d'Aremberg, Ferdinand, infant d'Espagne, gouverneur des Pays-Bas. Deux portraits équestres, d'ap. Van-Dyck. Très-belles ép.

20 Balechou (J.-J.). La Tempête et le Calme. Deux pièces d'ap. Vernet. Belles ép.

21 — Le Calme d'ap. Vernet. Très-belle ép. avant la lettre.

22 — Aved. (Ch. Gaultier de Loiserelle, femme d'), **d'ap.** Aved. Très-belle ép.

23 — Don Philippe, Infant d'Espagne, d'ap. Vialy. Très-belle ép.

24 — Soanen (Jean), évêque de Senez, d'ap. Raoux, Grillot (J. Gabriel), d'ap. Autreau. Deux pièces, très-belles ép.

25 **Baroche.** L'Annonciation (B. 1). Sup. ép., plus la copie par G. Venius. Deux pièces.

26 — La Vierge assise (B. 2), saint François stigmatisé (B. 3). Quatre pièces. (Le Saint François est double.)

27 **Bartolozzi.** Portraits et sujets divers d'ap. Reynolds. Dix pièces.

28 **Bary** (H.). Matthys Van Gherwen, sup. ép. avant toutes lettres; l'inscription est mise à la plume.

29 **Baudoin** (d'ap.). Les Soins tardifs, par de Launay. Très-belle ép.

30 — La Vertu sous la garde de la Fidélité, par le Beau, — Le Jardinier galant, par Helman. Deux pièces, très-belles ép.

31 — L'Arrivée de l'Amant et les Amants surpris. Deux pièces par Choffard, belles ép.

32 — Le Modèle honnête, par Simonet, — L'Enlèvement nocturne, par Ponce. Deux pièces, belles ép.

33 **Baudoin et Aubry.** La Gaieté de Silène, — Le poëte Anacréon, — L'Abus de la crédulité. Trois pièces par de Launay. Très-belles ép. avant la dédicace.

34 **Baudoin, Eisen et Raoux** (d'ap.). Les Amants surpris, par Choffard, — le beau Commissaire, — la jolie Charlatane, par Halbou, etc., etc. Six pièces.

35 **Beatrizet** (N.). La Mort de Méléagre (B. 41). Très-belle ép.

36 **Beauvarlet** (J.-F). Esther à table avec Assuérus, d'ap. de Troy. Très-belle ép. av. toutes lettres.

37 — Les Chevaliers danois séduits par les nymphes d'Armide. Ép. avant toutes lettres. — Les Couseuses. Deux pièces.

38 — Le mauvais Riche. Belle ép. avant la lettre, — La Marchande d'amours, d'ap. Vien. Deux pièces.

39 — La Confidence. Sup. ép. avant toutes lettres.

40 — La Sultane, la Confidence. Deux pièces d'ap. Van Loo. Belles ép.

41 — La Lecture et la Conversation espagnoles. Deux pièces d'ap. Van Loo. Sup. ép. avant toutes lettres.

42 — La Toilette pour le bal, d'ap. de Troy. Belle ép.

43 — Barry (Madame la comtesse du), d'ap. Drouais. Sup. ép. avant la lettre, avec toute sa marge.

44 — Bourgogne (Louis-Joseph-Xavier, duc de), d'ap. Fredou. Très-belle ép.

45 — Molière (J.-B. Poquelin de), d'ap. Bourdon. Très-belle ép.

46 **Beauvarlet et Melini.** Les Enfants du comte de Béthune, — Les Enfants du roi de Sardaigne. Deux pièces d'ap. Drouais. Très-belles ép.

47 **Beauvarlet, Lepicié et Ravenet.** Les Curieuses d'ap. Raoux, — Offrande à Cérès et offrande à Vénus, d'ap. Vien, — Marche comique, d'ap. Paterre, etc. Cinq pièces, belles ép.

48 **Beauvarlet et Vallée.** Bouchardon (E), sculpteur, d'ap. Drouais, Troy (J. de), peintre, d'ap. F. de Troy. Trois portraits dont un double, très-belles ép.

49 **Bega** (C.). La Mère et son Mari (B. 30), — La Mère au cabaret (B. 31), — La jeune Cabaretière caressée (B. 34). Trois pièces, belles ép.

50 **Beham** (H. S.). La Mort se saisissant d'une femme nue et debout 1546 (B. 150). Très-belle ép.

51 **Bein et Blanchard.** Sainte Marie d'ap. Raphaël, Sainte Juste d'ap. Murillo. Deux pièces, belles ép.

51 (bis) — Les mêmes estampes.

52 **Berghem** (N.). Les Vaches à la laitière (B. 23. 28), Le Cahier à la femme (B. 29. 34), — Le Cahier à l'homme (B. 35, 40), — Le Cahier à la femme (B. 44, 48). Bonnes ép., 26 pièces.

52 bis — Pièces tirées de différentes suites. Dix pièces.

53 — La Halte près du cabaret, — Le Troupeau en repos, — La Vache qui pisse, — Le Berger jouant de la flûte. Quatre pièces.

54 **Bervic** (Ch. Cl.). Le Repos d'ap. Lepicié. Très-belle ép. avant la lettre.

55 **Bervic et Tardieu.** Meilhan (Gabriel Senac de), d'ap. Duplessis, — Gallitzin (Dimitry, prince de), d'ap. Drouais. Deux pièces, belles ép.

56 **Biondi**. La Madeleine couchée, d'ap, Corrége, — Sainte Cécile, d'ap. C. Dolci, — La Vierge et l'Enfant Jésus, d'ap. Raphaël. Trois pièces ; deux sont avant la lettre.

57 **Blanchard**. Portrait de Marie de Médicis, d'ap. Rubens. Très-belle ép. avant la lettre sur papier de Chine.

58 — Portrait du duc de Chartres, depuis Louis-Philippe Ier, d'ap. Cogniet. Très-belle ép. avant la lettre, sur papier de Chine, plus une ép. avec la lettre. Deux pièces.

59 **Blanchard et Blot.** Sainte Juste, d'après Murillo, — La Vierge aux candélabres, d'ap. Raphaël. Deux pièces.

60 **Blanchard, Bein et Gandolphi**. Sainte Juste, d'ap. Murillo, — Sainte Marie, d'ap. Raphaël, — Judith, d'ap. Chr. Allori. Trois pièces.

61 **Bloemaert** (C.), La Vierge et l'Enfant Jésus, d'ap. Titien. Très-belle ép.

62 — La Vierge adorée par Saint Roch et saint Sébastien, d'ap. F. Baroche. Très-belle ép.

63 — Les quatre Pères de l'Église latine, d'ap. A Bloemaert. Sup. ép.

64 — Saint Pierre ressuscitant Tabitte, d'ap. le Guerchin.
Sup. ép.

65 **Bloemaert, Vosterman, etc.** La Sainte Famille,
d'ap. Carrache, — La Vierge et l'Enfant Jésus, d'ap.
Corrége, etc. Quatre pièces.

66 **Blot** (M.). Les Enfants de Louis XVI, d'ap Mᵐᵉ Lebrun.
Très-belle ép.

67 **Blotelingh** (A.). Portrait de Flinck, d'ap. Zyll, Cornelis Speelman. — Johannes Coccejus, professeur en
théologie, d'ap. Palamedès. Trois portraits. Très-
belles ép.

68 — Auguste Stellingwerf, amiral de Hollande d'ap.
Vander Helst. Très-belle ép.

69 — Le fils de Casimir roi de Pologne, d'ap. P. Nason.
Très-belle ép.

70 **Boilly** (d'ap.). La douce Résistance, — On la tire au-
jourd'hui, par Tresca. Trois pièces dont une double
avant la lettre et imprimée en couleur.

71 **Boissieu** (J. J. de). Buste d'homme, d'ap. Van Dyck,
— Le Bœuf à l'abreuvoir, d'ap. Ruysdael, — Paysage, d'ap. N. Poussin, — La Chatte et son Petit. Cinq
pièces dont une double, anciennes ép.

72 **Bol** (F.). Le Sacrifice de Gédéon (B. 2). Belle ép.

73 — Portrait d'Officier (B. 11), — Homme à la toque (B.
13), — Portrait de Femme dans un ovale (B. 15).
Quatre pièces dont une double, belles ép.

74 **Bolswert** (B. A.). L'Adoration des bergers, d'ap. A.
Bloemaert. Très-belle ép.

75 — Élisabeth, femme de Frédéric V. comte Palatin du
Rhin, d'ap. Mirevelt. Très-belle ép.

76 — Saint Louis de Gonzague, Jean Berchmans, Sta-
nislas Kotska, Alphonse Rodriguez, personnages

illustres de la Compagnie de Jésus. 5 pièces dont une double.

77 **Bolswert** (S. A.). La Sainte Famille aux anges d'ap. Van-Dyck. Sup. ép. du premier état, avec l'adresse de Martin Vanden Enden.

78 — L'Enfant Jésus couché sur les genoux de la sainte Vierge, d'ap. Van Dyck. Sup. ép., plus une copie du même côté sans nom de graveur. Deux pièces.

79 — L'Enfant Jésus debout sur le genou de la sainte Vierge, d'ap. Van Dyck. Très-belle ép.

79 (bis). — La même estampe.

80 — Le Sommeil de Jésus, d'ap. Van Dyck. Sup. ép. avant le mot *Regis* après le *cum privilegio*.

81 — Le Couronnement d'épines, d'ap. Van Dyck. Très-belle ép.

82 — L'Érection en croix, d'ap. Van Dyck. Très-belle ép. avec la jambe gauche du cheval devant la droite.

83 — Le Christ en croix entre les deux Larrons, d'ap. Van Dyck. Très-belle ép.

84 — Le Christ en croix: sainte Catherine de Sienne embrasse le pied de la croix, à droite saint Dominique debout. Estampe connue sous le nom du Christ au Jacobin. Sup. ép.

85 — Le Christ mort sur les genoux de la Vierge, d'ap. Van Dyck. Sup. ép.

86 — Le Christ à l'éponge, d'ap. Van Dyck. Très-belle ép. du deuxième état avec la main de Saint-Jean sur l'épaule de la Vierge ; le nom de Van Dyck a été transporté de gauche à droite.

87 — La marche de Silène, d'ap. Van Dyck. Sup. ép. du premier état, avec l'adresse de Lauwers.

87 (bis) — La même estampe avec l'adresse de C. Galle.

88 — Jésus-Christ sur la croix, d'ap. Jordaens. Très-belle ép.

89 — Mercure et Argus, d'ap. Jordaens. Très-belle ép.

du premier état, avant le n° 8 dans la marge à droite.

90 — La même estampe.

91 — Le Concert, d'ap. Jordaens. Sup. ép. du premier état, avant le n° 10 dans la marge à droite.

92 — La même estampe. Très-belle ép.

93 — Pan jouant de la flûte, d'ap. Jordaens. Très-belle ép. du premier état, avant l'adresse de Bloteling.

94 — La même estampe avec l'adresse mais avant le n° 9 dans la marge à droite.

95 — Jupiter et la chèvre Amalthée, d'ap. Jordaens. Très-belle ép. du 1ᵉʳ état, avant l'adresse de Bloteling.

96 — La même estampe, très-belle ép. du même état.

97 — La Communion d'une sainte, d'ap. Quellinus, — Le Mariage de sainte Catherine, d'ap. C. de Vos. Deux pièces, très-belles ép.

98 — Le Reniement de saint Pierre, d'ap. G. Seghers. Magnifique ép. avec le *cum privilegio*.

99 — Saint Joachim, sainte Anne et la jeune Vierge, d'ap. G. Seghers. Très-belle ép.

100 — Intérieur représentant deux gentilshommes avec leurs dames, d'ap. Van der Laemen. Très-belle ép.

101 **Bonasone** (J.). Clélie traversant le Tibre (B. 83). Très-belle ép.

102 — Clélie traversant le Tibre (B. 83), — La sainte Vierge debout devant une table (B. 83), — Hercule délibérant entre la Vertu et la Volupté. Trois pièces, belles ép.

103 **Bosse** (Abraham). La Mariée de village, — L'Atelier de graveur. Deux pièces, belles ép.

104 **Boucher** (D'après Fr.). Vertumne et Pomone, — Les Plaisirs de l'été, par Daullé. Deux pièces, très-belles ép. avant toutes lettres.

105 — Le Mariage de Psyché et l'Amour. Sup. ép. avant toutes lettres.

106 — L'Enlèvement d'Europe, par Duflos. Très-belle ép.

107 — Les Villageois à la pêche, par Gaillard. — L'Amour ranime Aminte dans les bras de Sylvie, par Lempereur, — Vénus se préparant pour le jugement de Pâris, par de Lorraine. Belles ép.

108 — Pensent-ils au raisin, par le Bas. Sup. ép.

109 — La belle Villageoise, par Soubeyran. Belle ép.

110 — Les quatre Éléments, par Duflos. Belles ép.

111 — Les Quatre Saisons, par Duflos. Belles ép.

112 — Quatre pièces doubles des deux suites précédentes.

113 — La Muse Clio, — La Muse Erato, par Daullé. Deux pièces, belles ép.

114 — Le Départ et l'Arrivée du courrier. Deux pièces par Beauvarlet. Sup. ép. avant toutes lettres; la première n'est pas entièrement terminée.

115 — Le Berger récompensé, — L'agréable Leçon. Deux pièces, par Gaillard. Très-belles ép.

116 — La Chasse, — La Pêche, par Beauvarlet. Très-belles ép. ; la première est avant la lettre.

117 — Les mêmes estampes, ép. postérieures, plus le Bouquet bien reçu, par Gaillard. Trois pièces.

118 — L'Hymen et l'Amour, par Beauvarlet, — La Bergère surprise. Deux pièces, la dernière est avant la lettre.

119 — La Musique pastorale, par Daullé, — La Toilette de Vénus, par Duflos. Deux pièces, belles ép.

120 — Vénus et les Amours, par le Vasseur, — Les Plaisirs de l'été ; par Daullé. Deux pièces, belles ép.

121 **Brixio** (François). La sainte Vierge assise au bord d'une fontaine, d'ap. le Corrége (B. 4.). Très-belle ép. du premier état, avant que le nom du graveur ait été effacé.

122 — La même estampe. Même état.

122 (bis) **Bry** (Th. de). Le Triomphe du Christ, — Les Noces d'Isaac et de Rébecca. Deux pièces, belles ép.

123 — Assemblée de Seigneurs et Damès vénitiens, d'ap. P. Véronèse. Très-belle ép.

124 — Le Triomphe de Bacchus, — La Fontaine de Jouvence, d'ap. H. S. Beham. Deux pièces, très-belles ép.

125 **Brouwer** (J.). Eléazar Swalmius, d'ap. Rembrandt. Très-belle ép.

126 **Calamatta** (M. Luigi). Le duc d'Orléans, d'ap. Ingres. Très-belle ép. sur papier de Chine.

127 — La même estampe.

128 — Le Masque de Napoléon. Très-belle ép. avant la lettre, plus une ép. avec la lettre.

129 **Callot** (J.). Le Sauveur, la Sainte Vierge, les douze Apôtres et saint Paul. Suite de seize pièces. Le titre manque.

129 (bis) — Les Images de tous les saints de l'année suivant le Martyrologe romain. Très-belles ép.

130 — La Noblesse (M. 673. 684). Belles ép.

131 — Pièces doubles de la suite précédente. Onze pièces.

132 — Le Bénédicité, — La Tentation de saint Antoine. Deux pièces.

133 — Pièces tirées de différentes suites. 19 pièces ; une pièce des Misères de la guerre (M. 574) est avant la lettre.

134 **Canal** (Gio Antonio), **dit Canaletto.** Vues de Venise et des environs. Dix-huit pièces, très-belles ép. Plusieurs sont du premier état, avant les léttres alphabétiques au bas de la planche.

135 **Cantarini** (Simon) **dit le Pésarèse.** Repos en Égypte (B. 6), — Repos en Égypte (B. 4), — La Verge couronnée (B. 21), — Le petit saint Antoine de

Padoue (B. 26), — Mars, Vénus et l'Amour (B. 32).
Cinq pièces, belles ép.

136 Carmona et Trouvain. Boucher (Fr.), peintre,
d'ap. Roslin le Suédois, — Jouvenet (Jean), peintre,
d'ap. lui-même. Deux pièces, très-belles ép.

137 Carrache (Augustin). Un Satyre regardant une
femme endormie (B. 112), — Pan dompté par l'A-
mour (B. 116), Mercure et les Grâces (B. 117), — Suzanne surprise dans le bain (B. 124), Une Nymphe assise (B. 132). Cinq pièces, belles ép.

138 — Saint Jérôme (B. 75). Belle ép.

139 Carrache (L. et Augustin). Le Mariage de sainte Catherine (B. 97), — Sainte Famille (B. 43), — La Soucoupe (B. 18), — La Fuite en Égypte. Quatre pièces,
plus une copie de la soucoupe.

140 Cars (L.). Bourdon (Sébastien), peintre. Sup. ép.
avant toutes lettres.

141 Cars et Duchange. Augier (Michel), sculpteur,
d'ap. Revel, — Girardon (Fr.), sculpteur, d'ap. Ri-
gault. Deux pièces, très-belles ép.

142 Cathelin et de Launay. Tocqué (L.), peintre d'ap.
Nattier, — De Troy (J. B. F.), peintre d'ap. Aved. Deux
pièces, très-belles ép.

143 Caukerken (C. V.). Jésus-Christ mort soutenu
par les Saintes Femmes, d'ap. Van Dyck. Très-
belle ép.

144 — La Descente du Saint-Esprit sur les Apôtres, d'ap.
Van Dyck. Belle ép.

145 — La Charité d'ap. Van-Dyck. Belle ép.

146 — La même estampe.

147 Cavalleriis. La Bataille de Constantin contre
Maxence, d'ap. Raphaël. Très-belle ép.

148 Chardin (d'ap.). Le Peintre, par Surugue, — Le Gar-
çon cabaretier, par Cochin. Deux pièces, belles ép.

149 — Le Dessinateur, — Les Bouteilles de savon, — Le Château de cartes. Trois pièces, belles ép.

150 **Chatillon et Laugier.** Pygmalion et Galathée, — Endymion. Deux pièces, d'ap. Girodet. Belles ép.

151 **Chereau** (Fr.). De Launay (Nicolas), d'ap. Rigaud. Très-belle ép.

152 — Fleury (A. H. de), cardinal, d'ap. Rigaud. Très-belle ép.

153 — Gondrin (S. A. de Pardaillon de), d'ap. Rigaud. Sup. ép.

154 — La même estampe. Très-belle ép.

155 — Parabère (Madame de), tenant une tourterelle, d'ap. Vanloo. Très-belle ép. avec de la marge.

155 (bis) — Polignac (le cardinal de), d'ap. Rigaud. Très-belle ép.

156 **Chereau et Daullé.** Rousseau (Cl. B.), Gendron (Claudius), d'ap. Rigaud. Deux pièces, belles ép.

157 **Chereau et Dupuis.** Largillière (N. de), peintre, d'ap. lui-même, — Le même personnage, d'ap. Geulain. Deux pièces, très-belles ép.

158 **Chereau et Vermeulen.** Vincent (J. M.) — Maximilien Emmanuel, prince Palatin du Rhin, d'ap. Vivien, — Meyercron (H.), d'ap. Rigaud. Quatre portraits dont un double. Très-belles ép.

159 **Clouwet, Waumans et A. de Jode.** La Vierge et l'Enfant Jésus, — L'Enfant Jésus embrassant saint Jean, etc., etc. Quatre pièces d'ap. Van-Dyck.

160 **Cochin et Miger.** Lesueur (Eustache), peintre, Vien (J.), d'ap. Mᵐᵉ Guiard. Deux pièces, belles ép.

161 **Coiny et Richomme.** La Création d'Ève, d'ap. Michel-Ange, — La Vierge au Silence, d'ap. Carrache. Deux pièces.

162 **Cousins** (S.). Master Lambton, d'ap. Lawrence. Belle ép.

163 **Coypel** (A.). Le Portrait de Démocrite (R. D. 12).

Très-belle ép. Plus la Vierge et l'Enfant Jésus, d'ap.
Raphaël, par Morin. Deux pièces.

164 **Cuyp** (Albert). Bœufs et Vaches dans des prairies.
Suite de huit pièces. Belles ép.

165 **Dalen** (C. Van). La Vierge et l'Enfant Jésus, d'ap.
Flinck. Sup. ép. du premier état avec l'adresse du
graveur, plus une ép. du deuxième état, avec l'adresse
de Bloteling. Deux pièces.

166 — Pierre Aretin, — Jean Boccace, — Georges Barba-
relli, dit le Giorgion. — Sébastien del Piombo. Quatre
portraits d'ap. Titien. Très-belles ép. avant la lettre.
(Le portrait de Boccace est avec la lettre.)

167 — Trois Portraits doubles de la suite précédente.
Belles ép.

168 — Rudolphus Petri, d'ap. Nieulandt. Très-belle ép.

169 — Franciscus Silvius Delebœ. Sup. ép.

170 — Le même Portrait. Belle ép.

171 — Jacques, duc d'Yorck et d'Albanie, d'ap. Luti-
chuys. Très-belle ép.

172 — Anna-Maria Schurman, d'ap. Van Ceulen. Très-
belle ép.

173 — Pré (Esaias Du), Frédéric Spanheim, docteur en
théologie, etc. 3 portraits. Très-belles ép.

174 **Daullé** (J.). Feuquière (Catherine Mignard, comtesse
de), d'ap. Mignard. Très-belle ép.

175 — Pellissier (Mademoiselle), d'ap. Drouais. Très-
belle ép.

176 — Rigaud (Hyacinthe), peignant le portrait de sa
femme, d'ap. lui-même. Très-belle ép.

177 — Saint-Simon (Cl. de), d'ap. Rigaud. Très-belle ép.

178 — **Daullé et Vermeulen.** Baron (Michel Bayron,
dit) comédien, d'ap. de Troy, — Jaillot (A. H.), géo-
graphe du Roi, d'ap. Culin. Trois portraits dont un
double, très-belles ép.

179 **Delaune** (E.). Trophées d'armes et Triomphes. Neuf pièces dont une double. Belles ép.

180 **Delph** (W. J.). Alexis, baron de Kymitho, — Philippe-Guillaume, prince d'Orange, — Guillaume, prince d'Orange, — Maurice, comte de Nassau. Quatre portraits, d'ap. Mirevelt. Très-belles ép.

181 — Amélie, princesse d'Orange, d'ap. Mirevelt. Très-belle ép.

182 — Amélie de Solms, princesse d'Orange, d'ap. Mirevelt. Très-belle ép.

183 — Christian, duc de Brunswick, — Ernest Casimir, comte de Nassau, — Guillaume, prince d'Orange. Trois portraits, d'ap. Mirevelt. Très-belles ép.

184 — Florent, comte de Culenborch, — Catherine, comtesse de Culenborch, — Henri, comte de Bergh. Trois portraits d'ap. Mirevelt. Très-belles ép.

185 — Frédéric (Henri), comte palatin du Rhin, — Wolfangus, duc de Bavière, — Guillaume Louis, comte de Nassau, d'ap. Mirevelt. Trois pièces, très-belles ép.

186 — Gustave-Adolphe, roi de Suède, d'ap. Mirevelt. Très-belle ép.

187 — Radzivil (le prince Chr.), d'ap. Mirevelt. Très-belle ép.

188 — Sophie Hedvige, duchesse de Brunswick, d'ap. Mirevelt. Très-belle ép.

189 — Tuzzy (A. M. comte), — Henri, comte de Bergh, — Ernest, prince et comte de Mansfeld. Trois portraits d'ap. Mirevelt. Très-belles ép.

190 — Portrait d'homme avant la lettre (Rare).

191 **Descourtis**. La Foire de Village. — La Noce de village. Deux pièces imprimées en couleur. Sup. ép.

192 **Desfossés**. La Reine annonçant à Mme de Bellegarde des juges et la liberté de son mari, en mai 1777. Belle ép.

193 Desnoyers (L. A. Boucher, baron). Eliézer et Rébecca, d'ap. N. Poussin. Très-belle ép. avec le cachet
de Desnoyers.

194 — La Visitation, d'ap. Raphaël. Très-belle ép. avec le
cachet.

195 — La Vierge à la chaise, d'ap. Raphaël. Très-belle ép.
avec le cachet du graveur.

196 — La Vierge de la maison d'Albe, d'ap. Raphaël.
Très-belle ép. avec le cachet de Desnoyers.

197 — La Vierge d'Albe, d'ap. Raphaël; ép. à l'état d'eau-
forte.

198 — La Vierge du Palais Tempi, d'ap. Raphaël. Très-
belle ép. sur papier de Chine.

199 — La même estampe avec toute sa marge.

200 — La Vierge au linge, d'ap. Raphaël. Très-belle ép.
avec le cachet de Desnoyers.

201 — La même estampe. Très-belle ép. rognée au trait
carré et remargée.

202 — La Vierge aux Rochers, d'après L. de Vinci. Très-
belle ép. rognée au trait carré et remargée.

203 — Sainte Catherine d'Alexandrie, d'ap. Raphaël. Superbe ép. avant la lettre (lettres tracées).

204 — La même estampe avec la lettre, sur papier de
Chine.

205 — Phèdre et Hippolyte, d'ap. Guérin. Très-belle ép.

206 — La même estampe.

207 — Portrait de Napoléon, d'ap. Gérard. Très-belle ép.

208 — Le Roi de Rome, d'ap. Gérard; — La Madeleine,
d'ap. le Corrége. Deux pièces, belles ép. ——

209 — Les mêmes estampes.

209 bis. **Desnoyers et Massard**. Bélisaire et Homère,
d'ap. Gérard. Deux pièces, belles ép.

210 Desplaces. Duclos (Mlle), d'ap. Largillière. Très-
belle ép.

211 Desrochers et Trouvain. Verdier (Fr.), peintre,

d'ap. Franc. — Jouvenet (J.), d'ap. lui-même). Deux pièces.

212 **Dietricy** (G.-Er.). La Nativité. Très-belle ép. avant le n° 60.

213 — Jésus-Christ guérissant les malades. Belle ép.

214 — Différentes pièces de son œuvre. Treize pièces; plusieurs sont doubles.

215 **Dossier** (M.). Portrait de Mme de la Ravoye, dans le rôle de Pomone, d'ap. Rigaud. Très-belle ép.

216 **Duchange et Tardieu.** La Fosse (Ch. de), peintre, d'ap. Rigaud; Lorrain (Robert le), sculpteur, d'ap. Nonotte. Deux pièces, très-belles ép.

217 — Girardon (Fr.), sculpteur, d'ap. Rigaud; Oudry (J.-B.), peintre, d'ap. Largillière. Deux pièces, très-belles ép.

218 **Dupont** (M.-H.). Femme avec son enfant, d'ap. Van Dyck. Belle ép.

219 — Portrait du pape Grégoire XVI, d'ap. P. Delaroche. Plus, le portrait de Pie IX, par Blanchard. Deux pièces sur papier de Chine.

220 — Le duc d'Orléans. Belle ép. avant la lettre.

221 — Hussein Pacha, d'ap. Champmartin. Très-belle ép. avant le nom des artistes.

222 — Carle Vernet, d'ap. P. Delaroche.

223 **Dupont et Mercury.** Lord Strafford, — Jane-Gray. Deux pièces d'ap. P. Delaroche. Belles ép. sur papier de Chine.

224 **Dupuis** (N.). Boucher (M.-F. Perdrigeon, femme de), d'ap. Kaoux. Très-belle ép.

225 — Tournehem (F.-P. le Normand de), d'ap. Toqué. Très-belle ép.

226 **Dupuis et de Larmessin.** Coustou (N. et G.), sculpteurs, d'ap. le Gras et de Lien. Deux pièces, belles ép.

227 **Durer** (Albert). L'Homme de douleurs (B. 3), —

Jésus saisi par les Juifs (B. 5). Deux pièces, très-belles ép.

228 — La Vierge à la couronne d'étoiles et au sceptre (B. 33). Très-belle ép.

229 — La Vierge assise, embrassant l'Enfant Jésus (B. 85). Très-belle ép.

230 — Saint Christophe (B. 52). Très-belle ép.

231 — Saint Jérôme en péniteuce (B. 61). Très-belle ép.

232 — L'Enlèvement d'Amymone (B. 71). — L'Effet de la jalousie (B. 73). Deux pièces, belles ép.

233 — Adam et Eve, — La Mélancolie. — L'Enlèvement d'Amymone. Trois très-belles copies. — La Vierge couronnée par deux anges, gravure sur bois (B. 101); plus la Vierge au milieu d'un paysage, par Sadeler. Cinq pièces.

234 — La Vierge au Singe, — La Mélancolie, — Les Armoiries à la tête de mort, — Le Christ en croix. Quatre très-belles copies.

235 **Drevet** (Cl.). Bret de la Briffe (Marguerite-Henriette Le), d'ap. Rigaud. Très-belle ép.

236 — La même estampe, très-belle ép.

237 — Milon (Alexandre), évêque, d'ap. Rigaud. Très-belle ép.

238 — Osvald (Henri), cardinal d'Auvergne, d'ap. Rigaud. Très-belle ép.

239 — Sinzendorf (Philippe-Louis, comte de), d'ap. Rigaud. Très-belle ép.

240 — La même estampe. Très-belle ép.

241 — Steigerus (Christophe), d'ap. J.-R. Huber. Très-belle ép., rare.

242 — Vintimille (Charles-Gaspard-Guillaume), archevêque de Paris, d'ap. Rigaud. Très-belle ép.

242 bis. — La même estampe. Belle ép.

243 **Drevet** (Pierre). Arnauld (Messire Ant.), d'ap. Champagne. Très-belle ép.

244 — Beauveau (René de), archevêque de Narbonne, d'ap. Rigaud. Très-belle ép.

245 — Bertin (Pierre-Vincent), trésorier général de la chancellerie, d'ap. Rigaud. Très-belle ép.

246 — Béthune (Hippolyttus de), d'ap. Rigaud. Sup. ép.

247 — Boileau Despréaux (Nicolas), d'ap. Rigaud. Sup. ép.

248 — La même estampe, belle ép.

249 — Le même personnage, d'ap. de Troy et de Piles. 2 pièces. Très-belles ép.

250 — Bourbon (L.-Auguste de), prince de Dombes, d'ap. de Troy. Sup. ép.

251 — Le même personnage plus âgé, d'ap. de Troy. Très-belle ép.

252 — Bourgogne (Charles, duc de), en cuirasse, d'ap. Rigaud. Sup. ép.

253 — La même estampe. Très-belle ép.

254 — Colbert (Jac.-Nicolas), archevêque de Rouen, d'ap. Rigaud, — Brianville (Orontius de), d'ap. Rigaud. Deux pièces, très-belles ép.

255 — Condé (L. H. de Bourbon, prince de), d'ap. Gobert. Sup. ép.

256 — Conti (François-Louis de Bourbon, prince de), d'ap. Rigaud. Sup. ép.

257 — Dangeau (Philippe de Courcillon, marquis de), d'ap. Rigaud. Très-belle ép.

258 — Delpech (Jean), d'ap. Largillière. Sup. ép.

259 — La même estampe. Très-belle ép.

260 — Desjardins (Marie-Cadesne, femme de), d'ap. Rigaud. Très-belle ép.

261 — La même estampe. Très-belle ép.

262 — Eudes (Jean), d'ap. le Blond. Très-belle ép.

263 — Felibien (André), d'après le Brun. Ville (Messire Arnold de), d'ap. Santerre. Deux pièces, très-belles ép.

264

264 — Forest (Jean), peintre, d'ap. Largillière. Très-belle
ép.

265 — Fourcy (Balthasar-Henri de), d'ap. Rigaud. Sup.
ép. du 1er état, avant la suppression des mots latins
sur la tablette de la console.

266 — Galles (le prince de), d'ap. Largillière. Sup. ép.

267 — Gillet (Pierre), procureur, d'ap. Rigaud. Très-belle
ép.

268 — Gillet (Pierre), procureur, d'ap. Rigaud. Polinier
(Jean), abbé de Sainte-Geneviève, d'ap. Delescrinière.
Deux pièces, très-belles ép.

269 — Girardon (François), d'ap. Vivien, — Brunswick
(Ernest-Auguste de), électeur, Berwick (Jacques, duc
de). Quatre pièces dont une double, très-belles ép.

270 — Gondrin (M. de Pardaillon de), archevêque, d'ap.
Van Loo ; Legendre (Louis), historiographe, d'ap. Jouvenet ; Pini (le R. P. Alexandre), d'ap. Andray. Trois
pièces, très-belles ép.

271 — Guldenleu (Christian de), comte de Samsoye, d'ap.
Rigaud. Très-belle ép.

272 — Hideux (Louis), curé de Saint-Innocent, d'ap. Delescrinière ; Paillot (Pierre), historiographe, d'ap. Revel.
Trois pièces, très-belles ép. dont une double.

273 — Keller (Jean-Balthazar), d'ap. Rigaud. Très-belle
ép.

274 — La même estampe, très-belle ép.

275 — Keller (Femme de), d'ap. Rigaud. Très-belle ép.

276 — Lambert (Messire-Nicolas), d'ap. Largillière. Sup.
ép.

277 — La même estampe, très-belle ép.

278 — Lambert (Marie de Laubespine, femme de), d'ap.
Largillière. Sup. ép.

279 — La même estampe, très-belle ép.

280 — Lambert (Hélène), femme de François-Marie de
Motteville, d'ap. Largilhère. Sup. ép.

281 — La même estampe, très-belle ép.

282 — Lamet (Leonardus de), d'ap. Rigaud; Titon (Maximilien), d'ap. Rigaud. Trois pièces, très-belles ép.; une est double.

283 — Le Pelletier (Claude), contrôleur des finances, d'ap. Rigaud. Très-belle ép.

284 — Lesdiguières (P.-M.-F. de Gondi, duchesse de), d'ap. Pescy, — Lesdiguières (Jean-François-Paul de Bonne de Crequi, duc de). Deux pièces, très-belles ép.

285 — Louis Dauphin de France, d'ap. Rigaud. Sup. ép.

286 — Mitantier (J.-M.), d'ap. Largillière. Très-belle ép.

287 — La même estampe, belle ép.

287 bis. — Nemours (Marie de Neufchâtel, duchesse de), d'ap. Rigaud. Sup. ép.

288 — La même estampe, belle ép.

289 — Noailles (Louis-Antoine de), cardinal et archevêque de Paris, d'ap. Rigaud. Sup. ép.

290 — La même estampe.

291 — Noailles (Adrien-Maurice, duc de), d'ap. de Troy. Sup. ép.

292 — Noailles (Louis-Antoine, cardinal de), d'ap. Justina. Belle ép.

293 — Philippe V, roi d'Espagne, d'ap. Rigaud. Sup. ép. du 1er état.

294 — Portail (Antoine), d'ap. Tournière. Sup. ép.

295 — La même estampe, belle ép.

296 — Rigaud (Hyacinthe), tenant sa palette et ses pinceaux. Très-belle ép.

297 — Bignon (Jean-Paul), abbé de Saint-Quentin. Sup. ép. du 2e état; plus, une épreuve du 3e état, avec la date effacée. 2 pièces.

298 — Rigaud (Hyacinthe), tenant un porte-crayon, d'ap. lui-même. Très-belle ép.

299 — Serre (Maria), mère d'Hyacinthe-Rigaud. Très-belle ép.

300 — Toulouse (Louis-Alexandre de Bourbon, comte de), tenant un bâton de commandant, d'ap. Rigaud. Très-belle ép.

301 — Le même personnage, en cuirasse, le bras étendu et la main nue, d'ap. Rigaud. Sup. ép.

302 — La même estampe. Très-belle ép. L'entourage des armoiries a été changé.

303 — Villars (Louis-Hector, duc de), d'ap. Rigaud. Sup. ép.

304 — Vrillière (Louis-Phelipeaux de la), d'ap. Gobert. Sup. ép.

305 — Wurtemberg (Christine-Caroline, margrave de Brandebourg, duchesse de). Très-belle ép.

306 **Drevet** (P.-J.). Eliézer et Rebeca à la fontaine, d'ap. Coypel. Très-belle ép.

307 — Eliézer et Rebecca, — l'Annonciation. Deux pièces, d'ap. Coypel. Très-belles ép.

308 — La Transfiguration, — l'Annonciation. Deux pièces d'ap. Coypel. Très-belles ép.

309 — Adam et Eve chassés du paradis terrestre, — Le Sacrifice d'Abraham. Deux pièces, d'ap. A. Coypel. Très-belles ép.

310 — Bernard (Samuel), d'ap. Rigaud. Très-belle ép. du 1er état avant les mots : *Conseiller d'Etat.*

311 — Charles-Jérôme de Cisternay du Fay, d'ap. Rigaud. Très-belle ép.

312 — Cotte (Robert), architecte, d'ap. Rigaud. Sup. ép. avant le mot *architecte.*

313 — Couvay (Pierre-Nolasque), d'ap. Tournière. Très-belle ép.

314 — Dodun (Charles Gaspard), chancelier. Très belle ép.

315 — La même estampe. Très-belle ép.

316 — Dubois (Guillaume), cardinal-archevêque, d'ap. Rigaud. Très-belle ép.

317 — La même estampe. Très-belle ép.

318 — Le Blanc (Claude), ministre et secrétaire d'État, d'ap. Prieur.—Neuville de Villefroy (François de), archevêque de Lyon, d'ap. Santerre. Deux pièces, très-belles ép.

319 — Lecouvreur (Adrienne), d'ap. Coypel. Très-belle ép.

320 — La même estampe.

321 — Louis XV, roi de France, dans sa jeunesse, d'ap. Rigaud. Très-belle ép.

322 — Louis XV, roi, assis sur le trône, d'ap. Rigaud. Très-belle ép.

323 — Louis XV, conduit par Minerve au temple de la gloire, d'ap. Coypel. Très-belle ép.

324 — Mailly (le cardinal de), d'ap. Vanloo, Rohan (Armand-Gaston), cardinal, d'ap. Rigaud. Deux pièces, très-belles ép.

325 — Les mêmes estampes. Très-belles ép.

326 — Orléans (Louis, duc d'), d'ap. Coypel. Très-belle ép.

327 — La même estampe. Très-belle ép.

328 — Orléans (Louise-Adelaïde d'), abbesse de Chelles, d'ap. Gobert. Très-belle ép.

329 — Pucelle (René), conseiller au Parlement, d'ap. Rigaud. Très-belle ép.

330 — La même estampe. Très-belle ép.

331 — Rohan (Armand, Gaston de), cardinal, d'ap. Rigaud. Très-belle ép. du premier état avant le collier de l'ordre du Saint-Esprit.

332 — La même estampe, même état que la précédente.

333 — Sainte Marthe (Dom Denys de), d'ap. Cazes, Loo (Arnoul de), d'ap. Jouvenet. Deux pièces, très-belles ép.

334 — Tressan (Monseigneur de), archevêque de Rouen, d'ap. Vanloo. Très-belle ép.

335 **Dyck** (Van). Le Christ au Roseau. Belle ép.

336 — Le Titien et sa Maîtresse. Belle ép.

337 — Vos (Guillaume de). Sup. ép. du second état, avant la lettre ; mais avec le fond. La marge du bas a été ajoutée.

338 — Breughel (Pierre) ; ép. du quatrième état. Van Dyck (Antoine) ; ép. du troisième état. Deux pièces, belles ép.

339 — Les mêmes estampes.

340 — Franck (François), — Momper (Josse de). Deux pièces, très-belles ép. du quatrième état, avec l'adresse de G. H.

341 — Momper (Josse de). Très-belle ép. du deuxième état, la planche terminée par Vorsterman ; plus, une ép. du cinquième état. Deux pièces.

342 — Adam Van Noort, — Paul Pontius, — J. Snellinx, — Trois pièces, très-belles ép.

343 — J. Snellinx, — Le même gravé une seconde fois, — Paul Pontius, — Franciscus Snyders. Quatre pièces, belles ép.

344 — François Snyders. Très-belle ép. du troisième état avec les lettres G. H., plus une ép. avec l'adresse effacée. Deux pièces.

345 — Juste Suttermans. Très-belle ép. du troisième état avant que le titre ait été changé, et avec les lettres G. H., plus une ép. avec tous les changements et les lettres effacées.

346 — Lucas Vorsterman. Très-belle ép.

347 — Guillaume de Vos. Très-belle ép. du troisième état, avec les lettres G. H.

348 — Paul de Vos, — Jean de Wael. Deux portraits, belles ép.

349 — Les mêmes pièces.

PORTRAITS D'APRÈS VAN DYCK

GRAVÉS POUR L'ÉDITEUR MARTIN VANDEN ENDEN

350 **Un graveur anonyme.** Thomas Willeborts Bosschaert. Belle ép.

351 **Bolswert** (S.). Albert, comte d'Aremberg. Sup. ép. du premier état.

352 — Le même Portrait. Très-belle ép. du deuxième état, avec de la marge, plus une ép. du quatrième état. Deux pièces.

353 — Jean-Baptiste-Barbe. Très-belle ép. du deuxième état, avec l'adresse de Martin Vanden-Enden.

354 — Le même portrait, ép. du troisième état, avec les lettres G. H.; plus une ép. avec les lettres effacées. Deux pièces.

355 — Adrien Brauwer. Très-belle ép. du troisième état, avec le nom du graveur et l'adresse de Martin Vanden Enden.

356 — Juste Lipse. Très-belle ép. du troisième état, avec l'adresse de Gilles Hendrix.

357 — Martinus Pepyn. Très-belle ép. du premier état, avant le nom du graveur.

358 — Sébastien Urancx. Très-belle ép. du deuxième état, plus une ép. du quatrième état. Deux pièces.

359 **Bolswert, Delf et C. Galle.** Marguerite de Lorraine, — Michel Mirevelt, — Artus Wolfart. Trois portraits, belles ép.

360 **Hondius** (G.). François Franck. Sup. ép. du premier état, avant le nom du graveur.

361 — Guillaume Hondius. Très-belle ép. du premier état, avec le nom du personnage écrit en grands caractères.

362 **Jode (P. de), dit le vieux**. T'serclaes de Tilly (Jean, comte de). Sup. ép. du premier état, plus une ép. du troisième état, avec les lettres G. H. Deux pièces.

363 **Jode** (P. de), **dit le jeune**. Adam Coster. Très-belle ép. du troisième état, avec les lettres G. H.; elle a toute sa marge.

364 — Paul Halmalius. Très-belle ép. du deuxième état.

365 — Le même portrait du troisième état, avec les lettres G. H.; plus une ép. avec ces lettres effacées. Deux pièces.

366 — J. Jordaens, — A. Colyns de Nole, — Corneille Pœlenburg. Ép. des troisième et quatrième états, en tout, six pièces.

367 — Ericius Puteanus. Très-belle ép. du deuxième état, plus une ép. du quatrième état. Deux pièces.

368 — Diodore Tuldenus. Très-belle ép. du premier état, avant le nom du graveur. Le même portrait, ép. du quatrième état. Deux pièces.

369 — Albert, comte de Walenstein. Très-belle ép. du premier état.

370 — Geneviève d'Urphé. Très-belle ép. du deuxième état. Le même portrait du troisième état. Deux pièces.

371 **Lauwers** (Nicolas). Blancatcio (frère Lelia). Très-belle ép. du premier état. Le même portrait, ép. des deuxième et quatrième états. Trois pièces.

372 **Pontius** (P.). Henri Van Baelen. Très-belle ép. du deuxième état.

373 — Le même portrait, même état.

374 — Don Alvar de Bazan. Très-belle ép. du deuxième état. Le même portrait du quatrième état. Deux pièces.

375 — J. de Breuck. Sup. ép. du premier état, avant le nom du graveur.

376 — Le même portrait, ép. du deuxième état.

377 — Colonna (don Charles). Très-belle ép. du deuxième état. Le même portrait du troisième état. Deux pièces.

378 — Gaspar de Crayer. Ép. du premier état, — Frockas Perera et Pimentel (don Emmanuel), ép. du premier état. Le même portrait du quatrième état. Trois pièces.

379 — C. Vander Geest, — G. Gevartius. Deux portraits du deuxième état. Belles ép.

380 — G. Gevartius. Sup. ép. du premier état avant le nom du graveur.

381 — Gusman (don Diego, Philippe de). Très-belle ép. du premier état.

382 — G. Honthorst. Très-belle ép. du deuxième état.

383 — Gustave-Adolphe, roi de Suède. Très-belle ép. du troisième état.

384 — C. Hugens. Très-belle ép. du premier état, — A. Miraeus. Belle ép. du deuxième état. Deux pièces.

385 — A. Miraeus, ép. du deuxième état, — D. Mytens, ép. du quatrième état. Deux pièces.

386 — Nassau (J. comte de). Très-belle ép. du deuxième état.

387 — P. Pontius. Très-belle ép. du troisième état; les lettres G. H. ont été grattées.

388 — Palamedes Palamedesz-Stevens. Ép. du deuxième état; — J. Van Ravestein, du premier état; — Ch. Rombouts, du deuxième état. Trois pièces.

389 — P.-P. Rubens. Sup. ép. du deuxième état.

390 — C.-A. Scaglia, — F.-Th. de Savoye. Ép. du deuxième état. Deux pièces.

391 — G. Seghers. Très-belle ép. du deuxième état. Le même portrait du quatrième état. Deux pièces.

392 — A. Van Stalbent. Très-belle ép. du premier état, avant le nom du graveur. Le même portrait du troisième état. Deux pièces.

393 — H. Steenwyk. Très-belle ép. du premier état, avant le nom du graveur. Le même portrait du quatrième état. Deux pièces.

394 — Th. Vanloo. Deux très-belles ép. des deuxième et troisième états.

395 — S. de Vos. Très-belle ép. du troisième état, avec les lettres G. H.

396 — J. Waverius. Sup. ép. du troisième état.

397 — J. Wildens. Très-belle ép. du deuxième état.

398 — Marie de Médicis. Très-belle ép. du deuxième état.

399 **Stock et Van Vœrst**. P. Snyers, — Sir K. Digbi, — R. Van Vœrst. Trois pièces, belles ép.

400 **Vœrst**. Jones (Inigo). Très-belle ép. du deuxième état.

401 **Vouet** (S.). Très-belle ép. du deuxième état. Le même portrait du quatrième état. 2 pièces.

402 **Vosterman** (L.). J. de Cachiopin. Très-belle ép. du troisième état, avec les lettres G. H. — J. Callot. Belle ép. 2 pièces.

403 — W. Cœberger. Très-belle ép. du premier état, avant le nom du graveur.

404 — A. Cornelissen. Superbe ép. du troisième état.

405 — D. Delmont. Très-belle ép. du deuxième état. Le même portrait du troisième état. 2 pièces.

406 — A. Van-Dyck. Belle ép.

407 — H. Vander Eynden. Très-belle ép. du deuxième état.

408 — Th. Galle. Belle ép.

409 — Gaston de France, duc d'Orléans. Très-belle ép. du troisième état, avec les lettres G. H.

410 — Gentileschi (H. Lomi, dit). Très-belle ép. du deuxième état. — P. de Jode. Belle ép. 2 pièces.

411 — J. Livens. Très-belle ép. du troisième état, avec les lettres G. H. Le même portrait. Belle ép.

412 — J. Van Milder. Très-belle ép. du deuxième état.

413 — N. F. de Peiresc. — C. Sachtleven. — C. Schut. 4 portraits, dont un double.

414 — A. Spinola. Très-belle ép. du premier état.

415 — Le même portrait. Même état.

416 — P. Stévens. Très-belle ép. du deuxième état. Le même portrait. Belle ép. 2 pièces.

417 — L. Van Uden. Belle ép. du troisième état. C. de Vos. Très-belle ép. du deuxième état. 2 pièces.

418 — C. de Vos. Très-belle ép. du deuxième état.

419 — G. Seghers. Belle ép.

PORTRAITS D'APRÈS VAN DYCK

GRAVÉS POUR LES ÉDITEURS GILLIS HENDRICX, J. MEYSSENS ET AUTRES.

420 — A. Van Ertvelt, par S. A. Bolswert. Très-belle ép. du premier état. Le même portrait âvec les lettres G. H. effacées. 2 pièces.

421 — Lady Mary Ruthen, par S. A. Bolswert. — H. Riche, comte de Hollande, par P. Clóuwet. — P. de Jode, par lui-même. 3 pièces, belles ép.

422 — Jeanne de Blois, par P. de Jode. — Ferdinand, ar- chiduc d'Autriche, par Lommelin. — S. A. Bolswert. — A. de la Faille, par Lommelin. 4 portraits. Très- belles épreuves du premier état, avec l'adresse de Gillis Hendrix.

423 — M. Ryckaert. — A. de Tassis. 2 portraits, par J. Neefs. Belles ép.

424 — N. Rockox, par Pontius. Très-belle ép. du cin- quième état.

425 — F. de Moncada, par L. Vosterman. Superbe ép. du
premier état. Le même portrait du troisième état.
2 pièces.

426 — Wolfang (Guillaume), comte palatin du Rhin. Superbe épreuve du premier état.

427 — Isabelle-Claire-Eugénie, par Vosterman. Très-belle
ép. du deuxième état avec les lettres G. H.

428 — Antoine de Bourbon. — Honoré d'Urphé. 2 portraits par P. de Baillu. Très-belles ép. du premier état.

429 — Lucia Percye, par P. de Baillu. Belle ép. avec
l'adresse de J. Meyssens.

430 — Ferdinand III. — Marie d'Autriche. — Henriette
de Lorraine. Trois portraits, par C. Galle. Très-belles
ép. du premier état.

431 — J. Meyssens, par C. Galle. Belle ép.

432 — Pappenheim (G. H. comte de), E. Taié. Deux portraits par C. Galle. Très-belles ép. du premier état.

433 — Béatrix de Cusance. — Jean de Montfort. Deux portraits, par P. de Jode. Très-belles épreuves du premier
état.

434 — M. M. de Barlemont, par Neeffs. — Marie, comtesse
d'Arenberg, par Pontius. Deux portraits. Très-belles
épreuves du premier état.
— Les mêmes portraits, même état.

435 — Marie-Claire de Croy. — Émilie de Solms, princesse d'Orange. 2 portraits par Waumans. Très-belles
ép. du premier état.

436 — Don Antoine de Zuniga el Davila, par Waumans.
Superbe ép. du premier état.

437 — Antoine Van Opstal, par un graveur anonyme. Superbe ép.

438 — Christophe Vander Laemen. Très-belle épreuve. —
Th. Rogiers. Très-belle épreuve du premier état. 2 portraits, par P. Clouwet,

439 — Ch. Scribanius, par P. Clouet. — H. Liberti, par P. de Jode. — 2 pièces. Très-belles épreuves.

440 — Quintin Simons, par P. de Jode. — F. de Marselaer, par Lommelin. 2 pièces. Belles épreuves.

441 — Charles-Louis, prince électeur. — A. Percy, comte de Northumberland, par Payne. Le dernier ne se trouve pas décrit dans Weber. Très-belles ép. imprimées sur la même feuille. Rare.

442 — Balthazar Gerbier. — Philippe Leroi. 2 portraits, par Pontius. Très-belles ép. du troisième état.

443 — Chrétien, duc de Brunswick. — Ernest, prince et comte de Mansfeld. — Ph. H., comte de Pembroke. 3 portraits, par Van Vœrst. Très-belles ép.

444 — Lucas Vosterman, par lui-même. Belle ép.

445 — Le même portrait.

446 — H. du Booys. — H. L. de Sieveri. 2 portraits faisant pendant, par Visscher.

447 — Charles 1er et Henriette de France, par J. Meyssens. 2 pièces.

448 — Le marquis de Mirabelle, par Bloteling. Très-belle ép.

449 — Jean, comte de Nassau, par L. Vosterman. Très-belle ép.

450 — Ferdinand d'Autriche, par P. de Jode. — Robert, comte palatin du Rhin, par Snyers. 2 portraits. Très-belles ép.

451 — Aubertus Mirœus. — Henri, comte de Nassau, par Pontius. — Josse de Hertoge, par J. Neefs. — Antoine Triest, par P. de Jode. 4 pièces. Très-belles ép.

452 — Jacobus Le Roy. — Jean de Wael. — Adrianus Stevens. — Zegerus. 4 portraits, par A. Lommelin. Belles ép.

453 — Charles 1er, roi d'Angleterre, par Lommelin. — Charles, comte palatin du Rhin. 3 portraits, dont un double.

454 — Henriette de France, par Couchet. — Ernestine, princesse de Ligne, par Natalis. — Marie, princesse d'Arenberg, par Lommelin. — 3 pièces. Belles ép.

455 — Ferdinand d'Autriche, par Payne. Belle ép.

456 — Jacobus Hamiltonius, par Lisebetius. — Charles, comte palatin du Rhin, par Hollar. 2 pièces.

457 — Franciscus Vander Ee, par Meyssens. — Michel le Blond, par Matham. — J. Malderus, par Lommelin, etc. 4 pièces. Très-belles ép.

458 — Portraits d'hommes à mi-corps. 2 pièces. Très-belles ép. avant toutes lettres.

459 — Différents portraits de femmes, par Hollar. 8 pièces.

460 — Portraits d'hommes, par Hollar. 6 pièces.

461 — Portraits divers, gravés en manière noire. 5 pièces.

462 — Différents portraits, par P. de Jode, Prenner et autres. 9 pièces.

463 **Jode** (Arnold de). Catherine Howard. Belle ép.

464 **Earlom** (R.). Vénus au bain, d'ap. Van-Dyck. Très-belle ép. avant la lettre, plus une ép. avec la lettre.

465 — Le Lion et le Sanglier, d'ap. Snyders. Très-belle ép. avant la lettre, plus une ép. avec la lettre. 2 pièces.

466 — Fruits, d'ap. M. A. Campidoglio. Belle ép.

467 — Le Sommeil de Bacchus. — Le Jugement de Pâris. 4 pièces d'ap. Giordano. Belles ép.

468 — Le Marchand de gibier, d'ap. M. de Vos. Belle ép.

469 — La Marchande de légumes. — La Marchande de fruits. 2 pièces, d'ap. Snyders. Belles ép.

470 — Le Marché aux poissons et le Marché au gibier. 2 pièces, d'après Snyders. Très-belles ép. avant la lettre.

471 — Le Concert d'oiseaux, d'après Maria di Fiori. Superbe ép. avant la lettre.

472 — La même estampe avec la lettre.

473 — Monmouth (le duc de), à cheval, d'ap. Van-Dyck. Très-belle ép. avant la lettre.

474 — Portrait de lady Reading, d'ap. F. Bol. Très-belle ép.

475 **Edelinck** (G.). Moïse, d'ap. Philippe de Champagne (R. D. 2), la sainte Famille, dite le Bénédicité, d'après le Brun (R. D. 8). 2 pièces.

476 — Saint Louis, roi de France, d'ap. le Brun (R. D. 28), sainte Madeleine, d'après le Brun (R. D. 32). 2 pièces. Belles épreuves.

477 — Combat de quatre Cavaliers, d'ap. Léonard de Vinci (R. D. 44). Belle ép.

478 — Arnauld (Antoine) (R. D. 141). Très-belle ép.

479 — La même estampe.

480 — Berry (Charles, petit-fils de France, duc de) (R. D. 147). Très-belle ép.

481 — Bertin (Pierre-Vincent), trésorier des parties casuelles (R. D. 149), Bignon (J. P.), abbé de Saint-Quentin, conseiller d'État (R. D. 151 et 151). 3 pièces.

482 — Bossuet (Jacques-Bénigne), évêque de Meaux (R. D. 156). Très-belle ép. du premier état.

483 — Bourgogne (Louis, petit-fils de France, duc de) (R. D. 158). Très-belle ép.

484 — La même estampe. Très-belle ép.

485 — Le même personnage (R. D. 159). Belle ép.

486 — Descartes (René) (R. D. 181). Très-belle ép. du premier état.

487 — La même estampe, même état.

488 — D'Hozier (Charles), généalogiste du roi (R. D. 184). Superbe ép.

489 — Du Laury (Remi) (R. D. 188), Évrard (Philippe), avocat au Parlement de Paris (R. D. 198). 2 pièces. Très-belles ép.

490 — Épernon (Anne-Louise-Christine de Foix de la Valette d') (R. D. 195). Très-belle ép. Elle a de la marge.

491 — Ferdinand, prince-évêque de Paderborn et de Munster (R. D. 202 et 203), Gobinet (Charles) (R. D. 215). 3 pièces. Très-belles ép.

492 — Desjardins (Martin Vanden Bogaert, connu sous le nom de) (R. D. 182), Galles (Jacques-François-Édouard, prince de) (R. D. 210). 2 pièces.

493 — Helyot (Madame) (R. D. 223). Superbe ép. du deuxième état.

494 — Huyghens (Chrétien) (R. D. 225). Superbe ép. du premier état, avant la lettre.

495 — La Fontaine (Jean de), fabuliste illustre (R. D. 230). Très-belle ép.

496 — La Forge (Grégoire de) (R. D. 231), La Morinière (Adrien le Fort de) (R. D. 235), Kaunitz (Dominique comte de) (R. D. 228). 3 pièces.

497 — Leeuwen (Gerbrand Vau), professeur à Amsterdam, Le Fèvre (Nicolas), précepteur de Louis XIII, Léonard (Frédéric), premier imprimeur du roi et du clergé (R. D. 238-240-242). 3 pièces. Belles ép.

498 — Le Tellier (Charles-Maurice), archevêque de Rheims (R. D. 243), Lionne (Jules-Paul de), aumônier du roi (R. D. 247). 3 pièces. Très-belles ép., une est double.

499 — Louis XIV, roi de France (R. D. 258 et 253). 3 pièces, une est double.

500 — Mansart (Jules-Hardouin-), surintendant des bâtiments du roi (R. D. 267 et 268), Mouton (Charles), musicien de Louis XIV. 3 pièces.

501 — Perrault (Charles), Pascal (Blaise) (R. D. 289, 292). 2 pièces. Très-belles ép.

502 — Philippe V, roi d'Espagne (R. D. 294). Très-belle ép.

503 — Poisson (Raimond), comédien (R. D. 299), Rigaud (Hyacinthe) (R. D. 303). 3 pièces. Belles ép., une est double.

504 — Santeuil (Jean-Baptiste), chanoine de l'abbaye de Saint-Victor de Paris et poète latin célèbre (R. D. 311, 312), Simon (P.), graveur au burin (R. D. 320). 3 pièces

505 — Vincent de Paul (saint) (R. D. 338). Superbe ép.

506 — Montarsis (Pierre de), amateur des beaux-arts, Parent (Jean-Charles), chevalier romain. 3 pièces. Très-belles ép., une est double.

507 **Falck** (Jérémie). Jésus au Jardin des Oliviers, d'ap. le Guide. Très-belle ép.

508 — Jésus-Christ portant sa croix, d'ap. A. Schiavone. Très-belle ép. avant la lettre.

509 — L'Adoration des Bergers, d'ap. Palma. Très-belle ép. avant la lettre.

510 — Sujets de l'Apocalypse, d'ap. J. Lys. 2 pièces. Très-belles ép. avant la lettre.

511 — La Maison de filles : Soldats et Courtisanes. Superbe ép. avant la lettre. Elle a de la marge.

512 **Flamen** (Albert). Différents Poissons et Vues des environs de Paris. 13 pièces.

513 **Flameng.** Saint Sébastien, d'ap. L. de Vinci. Très-belle ép. avant la lettre, sur papier de Chine.

514 — La Source, d'ap. Ingres. Très-belle ép. avant la lettre, sur chine.

515 **Fontainebleau** (École de). Vulcain et ses Cyclopes. — Caryatides sur la même feuille, etc. 3 pièces.

516 **Forster** (M. François). La Vierge de la maison d'Orléans, d'ap. Raphaël. Très-belle ép.

517 — La Vierge à la Légende, d'ap. Raphaël. Très-belle ép.

518 — Saint François d'Assise, d'ap. Lahire. Ép. avant toutes lettres, plus une ép. avec la lettres. 2 pièces.

519 — Les trois Grâces, d'ap. Raphaël. Très-belle ép.

520 — Uranie, d'ap. Raphaël. Très-belle ép. avant la lettre, sur papier de Chine.

521 — La Maîtresse du Titien, d'ap. Raphaël. Très-belle ép.

522 — L'Aurore et Céphale, d'ap. Guérin. Très-belle ép. sur chine.

523 — La même estampe.

524 — Portrait de Raphaël, d'ap. lui-même. Très-belle ép. sur papier de Chine.

525 — Raphaël à l'âge de quinze ans, d'après lui-même. Belle ép.

526 **Fragonard** (d'ap.). L'Enfant chéri, par Vidal. — La bonne Mère, par de Launay. 2 pièces. Belles ép.

527 — La Famille du Fermier, par Beauvarlet. — La Mère de Famille, par Romanet. 2 pièces. Belles ép.

528 — L'heureuse Fécondité. — Dites donc, s'il vous plaît. 2 pièces, par de Launay. Très-belles ép.

529 **François** et **Lesnier**. Portrait du Titien, d'ap. lui-même, la Fornarina, d'après Raphaël. 2 pièces. Très-belles ép. avant la lettre.

530 **Freudeberg** (d'ap.). Le Marchand d'Images, par Ingouf. Très-belle ép. avant la lettre.

531 **Freudeberg**, **Fragonard** et **Carême**. L'heureuse Union, par Bosse. — Le Verre d'eau, par Ponce. — Le Satyre impatient, par Anselin. — L'Agneau chéri, d'ap. Loutherbourg, par Leveau. 4 pièces. Très-belles ép.

532 *Galerie Aguado*. Suite de 37 gravures d'après différents peintres espagnols. Très-belles ép. sur papier de Chine. Le texte manque.

533 — Neuf pièces doubles de la suite précédente. Plusieurs sont avant la lettre.

534 **Galle** (C.). Le Portement de croix, d'après Van-Dyck. Très-belle ép.

535 — Portrait du Dante, d'ap. J. Stradan. Très-belle ép.

536 **Galle** et **Borrekens**. La Descente de croix, la Messe de saint Grégoire, d'ap. Diepenbeke. 2 pièces. Très-belles ép.

537 **Gandolfi**. Saint Jérôme, d'ap. le Corrége. Belle ep.

538 **Garnier**, **Leroux**, **Masquelier**. La Vierge aux Balances, d'ap. L. de Vinci. — La Vierge à l'Étoile, d'ap. Pinturicchio. — La Vierge du palais Colonna, d'ap. Raphaël. 3 pièces.

539 **Gelée** (Claude). Le Bouvier (R. D. 8). Belle ép.

540 — Le Dessinateur (R. D. 9). Belle ép.

541 **Geoffroy**. Médée, d'ap. Delacroix. Belle ép. sur chine.

542 **Gheyn** (J. de). Le Christ en croix entre les deux larrons. Très-belle ép.

543 **Ghisi** (Adam). Bacchanale (B. 24). Très-belle ép.

544 **Ghisi** (J. B.). Le Fleuve Pô, appuyé sur des gouvernails (B. 19). Très-belle ép.

545 — Les Troyens repoussant les Grecs jusque dans leurs vaisseaux (B. 20). Belle ép.

546 **Ghisi** (G.). La Visitation, d'ap. F. Salviati (B. 1). Belle ép.

547 — Le Père éternel soutenant entre ses bras Jésus-Christ mort pour le salut des hommes (B. 14). Très-belle ép.

548 — Saint Paul dans l'École d'Athènes, d'ap. Raphaël (B. 24). Très-belle ép.

549 — Neptune debout sur les ondes (B. 31), Hercule victorieux de l'hydre de Lerne renversée à ses pieds (B. 44), un Satyre cherchant à éveiller avec un cep de vigne le père Silène endormi près d'une table (B. 55), etc., etc. 6 pièces. Très-belles ép.

550 — Hercule debout se reposant sur sa massue (B. 41). Superbe ép.

551 — La même estampe. Très-belle ép.

552 — Vénus embrassant Adonis au retour de la chasse (B. 42). Très-belle ép.

553 — Cupidon couché sur un lit, près de Psyché couronnée comme lui par une des Heures qui est debout sur le lit à la gauche de l'estampe (B. 45). Très-belle ép.

554 — Hercule accompagné de Bacchus (B. 48). — Apollon, Neptune, Pluton et Pallas (B. 51). 2 pièces. Très-belles ép.

555 — Vénus assise dans la forge de Vulcain (B. 54). Très-belle ép.

556 — La même estampe. Très-belle ép.

557 — Cybèle remettant entre les mains de deux génies Memnon, fils de Titon et de l'Aurore (B. 57). Très-belle ép.

558 — La même estampe.

559 — Le Jugement de Pâris, d'ap. J.-B. Bertano Mantuan (B. 60). Superbe ép.

560 — Les Nymphes et les autres divinités champêtres pleurant avec Céphale la mort de Procris, d'ap. J. Romain (B. 61). Belle ép.

561 — Le Songe de Raphaël (B. 67). Belle ép.

562 — Un Cimetière, où des squelettes sortent de leurs tombeaux (B. 69). Superbe ép.

563 — Portrait de Michel-Ange (B. 71). Belle ép.

564 — La Calomnie accusant l'Innocence devant le tribunal d'un Juge ignorant, d'ap. Lucas Peni. Très-belle ép.

565 **Ghisi** (Diana). Aspasie discourant à table avec Socrate et un autre philosophe, qui paraissent étonnés de la force de son raisonnement (B. 32). Très-belle ép.

566 **Girard**, **Richomme** et **Tardieu**. Portraits de Lamartine, Napoléon 1er empereur et du comte d'Arondel. 3 pièces.

567 **Goudt** (H., comte de). Son œuvre en 13 pièces, dont plusieurs doubles. Très-belles ép.

568 **Goltzius** (H.). Les Chefs-d'œuvre de Henri Goltzius. Suite de 6 estampes (B. 15-20). Très-belles ép.

569 — La sainte Vierge et saint Joseph montrant aux bergers Jésus qui vient de naître (B. 21), la Vierge accompagnée de saint Joseph, d'ap. B. Spranger (B. 275). 2 pièces. Belles ép.

570 — Le Massacre des Innocents (B. 23). Très-belle ép.

571 — La Passion de Jésus-Christ. Suite de 12 estampes (B. 27-38). Très-belles ép.

572 — Les Romains illustres par leur valeur. Suite de

10 estampes (B. 94-103). Très-belles ép. 2 pièces man-
quent pour que la suite soit complète.

573 — Mars et Vénus surpris en adultère (R. 139). Superbe ép.

574 — Hercule portant sa massue et tenant la corne qu'il
vient d'arracher au fleuve Archelaüs (B. 143). Superbe ép.

575 — Galle (Philippe), graveur à Anvers (B. 170). Superbe
ép. portant au verso la signature de P. Mariette, 1686.

576 — Portrait d'un gentilhomme hollandais (B. 214). —
Un Porte-Enseigne tenant le drapeau de son régiment
(B. 125). 2 pièces. Belles ép.

577 — Le Triomphe de Galatée, d'après Raphaël (B. 270).
Très-belle ép.

578 — Un Ange soutenant le corps mort de Jésus-Christ
sur le bord de son tombeau, d'après B. Spranger (B. 273).
Très-belle ép.

579 — Un Ange soutenant le corps mort de Jésus-Christ
sur le bord de son tombeau (B. 273). — La Cène. 2 pièces.
Belles ép.

580 **Goltzius** (École de). Les quatre Ages; suite de 4 estampes. Belles ép.

581 **Goltzius** et **Saenredam**. Pygmalion (B. 138), Cérès
honorée par les Laboureurs (B. 70), — des Buveurs
demandant à Bacchus la continuation de ses dons
(B. 72), etc. 5 pièces. Très-belles ép.

582 **Gosse**. Joseph présentant son père à Pharaon, d'ap.
F. Bol. Très-belle ép. avant la lettre.

583 **Goya** (F.). Le Combat de taureaux; suite de 33 pièces.
Belles ép.

584 — Le comte d'Olivarès, portrait équestre. — Mœnip-
pus. — Æsopus. 3 pièces d'après Velasquez. Belles ép.

585 **Green**. L'Adoration des Bergers, — l'Assomption de
la Vierge, — saint François. 3 pièces d'après Murillo.
2 sont avant la lettre.

586 **Graves**. Portrait de lord Byron, d'ap. Philips. Très-belle ép..

587 **Greuze** (d'ap.). La Mère bien-aimée, — le Gâteau des Rois, — la Dame bienfaisante, — l'Accordée de village, — le Paralytique servi par ses enfants, — le Fils puni. 6 pièces. Très-belles ép. par Flipart, Massard et Gaillard.

588 — 3 pièces doubles de la suite précédente.

589 — La Mère en courroux, — le Repentir. 2 pièces. Très-belles ép. L'une a toute sa marge.

590 — Annette et Lubin, par Binet. 3 pièces, dont une double.

591 — La jeune Nourrice, — la petite Mère. 2 pièces, par Moitte. Belles ép.

592 — L'Éducation du jeune Savoyard, par Aliamet. — Le Donneur de sérénade, par Moitte. 2 pièces. Belles ép.

593 — Le tendre Désir, par C. — Le Serin mort, par Flipart. — Jeune Femme appuyée sur une table, par Ingouf. 3 pièces. Belles ép.

594 — Le Donneur de sérénade, par Moitte. — La Pelotonneuse, par Flipart. 2 pièces. Belles ép.

595 — La Privation sensible, par Simonet. Très-belle ép. avant la dédicace.

596 — La petite Fille au chien, par Porporati. Belle ép.

597 — La Maman, — la Marchande de marrons. 2 pièces, par Beauvarlet. Belles ép.

598 — La Privation sensible, par Simonet. — La Fille confuse, par Ingouf, avant la lettre. 2 pièces. Belles ép.

599 — La jeune Mère. Très-belle ép. avant toutes lettres.

600 — Le Geste napolitain, par Moitte. — La Fille confuse, par Ingouf. — Les OEufs cassés, par Moitte. 4 pièces, dont une double. Belles ép.

601 — Les Écosseuses de pois, par le Bas. — La Lecture de la Bible, par Martenasie. Deux pièces. Belles épreuves.

602 — Les mêmes estampes.

603 — La bonne Éducation. — La Paix du ménage. Deux pièces par Ingouf. Belles ép.

604 — L'heureux Ménage, par Moreau et Ingouf. Très-belle ép. avant toutes lettres.

605 — La jeune Mère, par L. Cars. — Le Père aveugle, par L. Cars. Trois pièces, dont une double avant la lettre. Belles épreuves.

606 — La Vertu chancelante, par Massard. — Offrande à l'Amour, par Macret. Deux pièces, dont une avant la lettre.

607 — La Pelotonneuse, par Flipart. — La Tricoteuse, par C. Donot. — La Marchande de légumes, par Beauvarlet. Trois pièces. Belles ép.

608 **Hollar** (W.). L'Hiver, l'Automne et le Printemps. Trois pièces.

609 — Tête de chat. Belle ép. Rare.

610 — Pompe funèbre de Jean-Baptiste de Tassis. Très-belle épreuve.

611 — Vue de l'Hôtel-de-Ville à Anvers. Très-belle épreuve du premier état, plus une épreuve avec le titre changé. Deux pièces.

612 — Vue du Portail et d'une partie de la Cathédrale d'Anvers. Belle ép.

613 — Vue de la Cité de Londres, avant et après le grand incendie, en 1666. Deux plans tirés sur la même feuille. Très-belle ép.

614 — Vue des principaux monuments de Londres, etc. Quinze pièces. Très-belles épr.

615 — Vue de l'Abbaye de Wesminster et autres. Six pièces.

616 — Le Satyre et le Paysan, d'après Elsheimer. — Enfants jouant avec une chèvre, etc. Cinq pièces.

617 — Paysages et fêtes publiques. Six pièces.

618 **Hondius** (G.). Ferdinand, archiduc d'Autriche; Phi-
lippe-Auguste, prince d'Orange, plus le portrait de
Gustave-Adolphe par Crispin de Passe. Trois pièces.
Très-belles épr.

619 **Hondius** (W.). Heinius (Pieter), d'après J. Dame,
Weerdenburg (Th. de). Deux pièces. Très-belles
épreuves.

620 — Isabelle-Claire-Eugénie, d'après Van Dyck. Très-
belle épreuve.

621 — Jean-Ernest, duc de Saxe; Wilhelmus, comte de
Nassau. Deux portraits d'après Mirevelt et Mytens.
Très-belles épreuves.

622 — Longhius (Henricus-Cornelius), d'après Mytens;
Nassau (Ernest-Casimir comte de); Frédéric V, roi de
Bohême. Trois pièces. Très-belles ép.

623 **Hondius** (W.) et **Delph.** Nassau (W. de), d'après
Maes; Charles-Louis, comte palatin du Rhin, d'après
Mirevelt. Trois portraits, dont un double. Très-
belles ép.

624 **Hondius** (G.) et **Matham.** Weerdenburg (Th. de);
Wilhem, comte palatin du Rhin. Deux pièces. Très-
belles ép.

625 **Hondius** (L.) et **Pontius.** Charles V, roi d'Espagne;
Ferdinand d'Autriche, cardinal. Deux pièces. Très-
belles ép.

626 **Hondius** et **Soutman.** Ernest-Casimir, comte de
Nassau; Jean-W. de Brederode. Deux pièces. Très-
belles épreuves.

627 **Houbraken.** Petrus Scriverius de Haerlem. Superbe ép.

628 — Portraits tirés de l'histoire d'Angleterre. Six pièces.
Très-belles ép.

629 **Jeaurat** et **Schmutzer.** Vleughels (N.), peintre,
d'après A. Pesne; Dietricy (Ch.-G.-Er.), peintre, d'ap.

lui-même. Trois portraits, dont un double. Très-belles ép.

630 **Jode** (P. de). Jésus disant au malade : « Prends ton lit et va-t'en. Très-belle ép. du premier état, avec l'adresse de J. Meyssens.

631 — Saint Augustin en extase, d'ap. Van Dyck. Très-belle ép., plus la copie par un graveur anonyme. Deux pièces.

632 — Saint Bonaventure recevant la communion de la main d'un ange, d'ap. Van Dyck. Très-belle ép.

633 — Renaud s'éveillant dans le giron d'Armide, d'ap. Van Dyck. Très-belle ép.

634 — Charles Ier, roi d'Angleterre, et Henriette de France, d'après Van Dyck. Deux portraits faisant pendant. Belles ép.

635 — Henriette-Marie de France, reine d'Angleterre, d'ap. Van Dyck. Superbe épr.

635 *bis*. — L'Adoration des Bergers, d'ap. Jordaens. Très-belle ép. du premier état, avant l'adresse de Blotelingh.

636 — La même estampe.

637 — Saint Martin, évêque de Tours, d'après Jordaens. Très-belle épr.

638 — La Folie montrant un moine qui tient un hibou, d'ap. Jordaens. Belle ép.

639 — Jésus chez Nicodème, d'après G. Seghers. Très-belle ép.

640 — La même estampe.

641 — Saint François et sainte Claire contemplant l'Enfant Jésus, d'ap. G. Seghers. Très-belle ép.

642 — Sainte Famille, d'après Diepenbeke. Très-belle ép. Elle a toute sa marge.

643 — La même estampe.

644 — Charles de Longueval, comte de Busquoy. — Jacob

Cats, d'ap. Dubordieu, par Natalis. Deux portraits. Très-belles ép.

645 — Paysages en largeur, d'après Fouquières. Deux pièces, une est avant la lettre.

646 — La Mélancolie, la Colère, la Musique, etc., d'ap. M. de Vos. Quatre pièces. Très-belles ép.

647 **Jode** (P. de) et **C. Galle**. François de La Tour, comte de Tassis. — Amélie-Élisabeth, landgrave de Hesse. — Frédéric-Henri, comte de Nassau. Trois portraits d'ap. Van Hulle. Très-belles ép.

648 **Jode** (P.) et **Soutman**. Les Disciples d'Emmaüs, d'ap. Quellinius. — Jésus remettant les clefs à saint Pierre, d'ap. Raphaël.—Saint Sébastien, d'ap. V. Lint., plus les disciples d'Emmaüs, par Gole. Quatre pièces. Très-belles ép.

649 **Jode** (P. de), **C. de Passe**, **Saenredam**. Pièces tirées de différentes suites. Neuf pièces.

650 **Jode** (A. de). Antoine Pallavicini, cardinal, d'ap. Titien. Très-belle ép.

651 **Jordaens** (J.). Jupiter enfant, nourri du lait de la chèvre Amalthée. Très-belle épreuve du premier état, avant l'adresse de Bloteling.

652 — La même estampe avec l'adresse.

653 — Cacus dérobant les vaches d'Hercule et les faisant marcher à reculons. Très-belle ép. du premier état, avant l'adresse de Bloteling.

654 — Hercule tuant Cacus. Très-belle ép. du premier état avant l'adresse de Blotelingh.

655 **Kessel** (Th. Van). La sainte Vierge et l'Enfant Jésus accompagné de deux anges, d'ap. Van Dyck. Très-belle ép.

656 — Différents sujets d'animaux. Sept pièces. Belles ép.

657 **Kilian**. Portrait d'Albert Durer. Très-belle ép.

658 — Louis VI, landgrave de Hesse, et Élisabeth-Dorothée de Saxe. Deux portraits d'après Wagner. Très-belles ép.

659 **Kittensteyn** (C.). Les Cinq Sens, d'ap. Hals. Cinq
pièces. Très-belles ép.

660 **Koning** (S.). Buste d'homme (cl. 79). Belle ép.

661 **Laer** (P. de). Douze pièces de son œuvre. Très-
belles ép.

662 **Laer** (P. de), **P. Potter** et **Waterloo**. Le Troupeau au repos. — Le Vacher. — Paysage. Trois
pièces.

663 **Lalive**. Choiseul (G. comte de) et M.-Félix chevalier
de), sur la même feuille, d'après Drouais. Très-
belle ép.

664 **Lancret** (D'ap.). L'Enfance, la Jeunesse et la Vieil-
lesse. Trois pièces par de Larmessin. Belles ép.

665 — Le jeu de Cache-Cache mitoulas et le Jeu des quatre
coins. Deux pièces par de Larmessin. Belles ép.

666 — Mlle Camargo, par L. Cars. — Mlle d'Angeville, la
jeune, par le Bas. Deux pièces. Belles ép.

667 — Le Turc amoureux. — La belle Grecque. Deux
pièces par Schmidt. Très-belles ép.

668 — L'Air, par Tardieu. — L'Eau, par des Places. —
Les Amours champêtres, d'ap. Baudoin, par Harles-
ton. Trois pièces, belles ép.

669 **Lancret**, **Boucher** et **Pater**. Douze pièces pour
les Contes de Lafontaine. Très-belles ép., deux sont
doubles.

670 **Larmessin** (N. de). Leczinska (Marie), reine de
France, d'ap. Vanloo. Très-belle ép.

671 — Louis Dauphin de France, d'ap. Toqué. Très-belle
ép., elle a de la marge.

672 — Louis XV jeune, d'ap. Rigaud. Très-belle ép.

673 — Louis XV, à cheval, d'ap. Parrocel. Très-belle ép.

674 **De Larmessin** et **Muller**. Halle (Cl.), peintre,
d'ap. le Gros. Leramberg (Louis), sculpteur, d'ap.
Belle. Deux pièces, très-belles ép.

675 **Larmessin** et **Muller**. Galloche (L.), peintre,

d'ap. Tocqué. Coustou (G.), d'ap. de Lien. Deux pièces, très-belles ép.

676 — Les mêmes estampes, belles ép.

677 **Larmessin** et **Le Moine**. Vaudemont (Ch. H., de Lorraine, prince de), d'ap. Ranc. Louis, Dauphin de France, d'ap. Rigaud. Deux pièces, belles ép.

678 **Langier** et **Lesnier**. Frédéric, duc d'Urbin, d'ap. Raphaël, ép. avant la lettre. — Marc-Antoine, d'ap. Raphaël. Deux pièces sur chine.

679 **Langier, Leroux** et **Bridoux**. Thalie, d'ap. Raphaël. — Laure et Pétrarque, d'ap. S. Memmi. — Frédéric, duc d'Urbin, d'ap, Raphaël. Trois pièces, dont une avant la lettre.

680 **DeLaunay** (N.). De Troy (J. F.), peintre, d'ap. Aved; Le Clerc (S.), peintre, d'ap. Nonnote. Deux pièces, très-belles ép. avant la lettre.

681 **Lauwers** (N.). Jupiter et Mercure chez Philémon et Baucis, d'ap. Jordaens. Sup. ép. du premier état, avant l'adresse de Blotelingh.

682 — La même estampe. Très-belle ép. avec l'adresse.

683 — Soldats fumant et buvant pendant la nuit, d'ap. G. Seghers. Sup. ép. Collection Scitivaux et Debois.

684 — Le Concert de Sainte-Cécile, d'ap. G. Seghers. Très-belle ép.

685 **Lauwers, Pitau** et **Roullet**. Vigier (le R. P. A.), d'ap. Cossiers. Lille (Camille), historiographe, d'ap. Daret. Colbert (E.), marquis de Villacerf. Quatre portraits dont un double, belles ép.

686 **Le Bas, Lépicié** et **Surugue**. Le Negligé ou Toilette du matin, — La Pourvoyeuse, Les Amusements de la vie privée. Trois pièces d'ap. Chardin. Belles ép.

687 **Lepicié**. Boullongne (Louis de), peintre, d'ap. Rigaud. Sup. ép.

688 — Desmarets (Charlotte). Très-belle ép.

689 — Dufresne (Madame), d'ap. Aved. Très-belle ép.

690 **Le Prince** et **Mlle Gérard**. Le Bonheur du ménage. — Les Regrets mérités. Deux pièces par de Launay. Très-belles ép.

691 **Leroux**. La Vierge et l'Enfant Jésus, d'ap. Murillo. Très-belle ép. avant la lettre, sur papier de Chine.

692 — Léda, d'ap. L. de Vinci. Belle ép.

693 — Portrait de M. Dumont, d'ap. Ingres. Très-belle ép. avant la lettre.

694 **Leroux** et **Luderitz**. La Madeleine dans le désert, d'ap. Gennari. — Saint Michel, d'ap. Raphaël. Deux pièces, la première avant la lettre.

695 **Leroux** et **Forster**. Thalie et Uranie, d'ap. Raphaël. Très-belles ép.

696 **Leroux** et **Richomme**. Portraits de Léonard de Vinci et de Marc-Antoine. Deux pièces. Belles ép.

697 **Leroux** et **Stang**. La Reine des Cieux, d'ap. Steinle. La Vierge et l'Enfant Jésus, d'ap. Deger. Trois pièces dont une double. La dernière est avant la dédicace.

698 **Leisnier** et **Mandel**. La Fornarina, d'ap. Raphaël. Ép. avant la lettre. — Le Titien, d'ap. lui-même. Deux pièces.

698 bis. **Leisnier** et **Richomme**. Portraits de Marc-Antoine, d'ap. Raphaël. Deux portraits dont un avant la lettre. Belles ép.

699 **Levati** (G.). Arc de triomphe antique. Jolie eau-forte.

700 **Levy** et **Pannier**. Portraits de Rembrandt et de Raphaël. Deux pièces. Très-belles ép. avant toutes lettres, sur papier de Chine.

701 **Leyde** (Lucas de). Le péché d'Adam et Ève (B. 10). — Saint Jérôme (B. 114). Deux pièces, belles ép.

702 — David jouant de la harpe devant Saül (B. 27). Belle ép.

703 **Luchèse** (Michel). Le Songe de Michel-Ange. Très-belle ép.

704 — La même estampe.

704 bis. **Lignon**. Le Christ au roseau. — La Madeleine. Deux pièces, d'ap. le Guide. Belles ép.

705 Talma, d'ap. Picot. — Mlle Mars, d'ap. Gérard. Deux pièces, une est avant la lettre.

706 **Lignon** et **Laugier**. Portrait du Poussin, d'ap. lui-même, ép. sur chine. — L'Assomption de la Vierge, d'ap. Poussin, ép. avant la lettre. Deux pièces.

707 **Livens** (J.). Saint Jérôme (B. 5). Résurrection de Lazare (B. 3). Deux pièces.

708 — Une Tête orientale (B. 18). Buste de Vieillard (B. 22). Deux pièces.

709 — Buste de Vieille (B. 30). Buste de Vieillard (B. 33). Tête de Vieillard (B. 46). Trois pièces. Belles ép.

710 — Ephraïm Bonus, médecin juif. Sup. ép. Plus le portrait de Daniel Heinsius, ép. en mauvais état. Deux pièces.

711 — Portrait de Vondel. Très-belle ép.

712 **Lochon, Natalis, Poilly**. Marillac (Michel de). Albret (Emmanuel Th. de la Tour-d'Auvergne, duc d'), d'ap. Mignard. Olier (Nicolas-Edouard), d'ap. Lefèvre. Trois pièces, très-belles ép.

713 **Lombart**. Les Comtes et Comtesses, d'ap. Van Dyck. Suite de douze estampes, très-belles ép.

714 **Loli** (L.). La Vierge, l'Enfant Jésus et saint Jean (B. 5). Sainte Famille (B. 6). La Vierge accompagnée de deux saints (B. 8). L'Amour rompant son arc (B. 23). Hercule au berceau (B. 14). La Renommée (B. 31). Six pièces, belles ép.

715 **Lommelin** (A.). Le Baiser de Judas, d'ap. Van Dyck. Très-belle ép. avant la lettre.

716 **Longhi**. Le Repos en Egypte, d'ap. Procacini. Ép. à l'état d'eau-forte, plus une ép. avec la lettre. Deux pièces.

717 — La Sainte Famille, d'ap. Raphaël. Très-belle ép.

718 — La Madeleine, d'ap. le Corrége. Très-belle ép.

719 — Le Prince Eugène. Belle ép. avant la lettre.

720 **Longhi, Muller** et **Raggio**. Saint Jean dans le désert, d'ap. Carrache. — Vierge et l'Enfant Jésus, d'ap. Luini. — Saint Jean, d'ap. Luini ; plus le Roi de Rome par Lefèvre, d'ap. Prud'hon. Quatre pièces.

721 **De Longueil**. Louis XVI entouré de figures allégoriques, d'ap. Cochin ; plus la même estampe avec le titre changé. Deux pièces.

722 **Louis** (Aristide). Mater Dolorosa, d'ap. Ribera. Belle ép. sur chine.

723 — L'Innocence, d'ap. Greuze. Belle ép.

724 **Louys** et **V. Sompel**. Ambroise Spinola. François Thomas de Savoie, prince de Carignan. Ferdinand, infant d'Espagne. Trois portraits. Très-belles ép. avant les numéros.

725 — Les mêmes Portraits. Même état.

726 — Louis XIII, roi de France, et Anne d'Autriche. Deux portraits. Très-belles ép.

727 **Maître au Dé**. La Vierge couronnée par Jésus-Christ (B. 9). Sup. ép.

728 — Saint Pierre déclaré Chef de l'Église (B. 11). Saint Roch (B. 15). — L'Envie chassée du Temple des Muses (B. 17). Trois pièces, belles ép.

729 — Sacrifice à Priape (B. 27). Très-belle ép.

730 — La même estampe.

731 — Jeu d'Amours, d'ap. Raphaël (B. 30). Très-belle ép.

732 **Maître au monograme** (H. E.). Les Vendangeurs (B. 5). Très-belle ép.

733 **Maître J.-B.** Le Triomphe de Bacchus (B. 19). Très-belle ép.

734 **Maratte** (C.). La Visitation (B. 3). — Jésus adoré par les Anges (B. 4). — L'Adoration des Mages (B. 5). — La sainte Vierge et le petit saint Jean (B. 9). Bas-relief (B. 14). Cinq pièces, belles ép.

735 **Mariette** et **Natalis**. Moïse sauvé du Nil. Sainte Famille. Deux pièces, d'ap. N. Poussin. Belles ép.

736 **Marinus**. La Nativité, d'ap. Jordaens. Très-belle ép. du premier état, avant le changement du caractère des têtes, et avant l'adrèsse de Bloteling, plus une ép. avec les changements et l'adresse effacée. Deux pièces.

737 — Jésus-Christ devant Caïphe, d'ap. Jordaens. Très-belle ép. du premier état, avant le nom du graveur.

737 bis. — La même estampe.

738 — Martyre de sainte Apolline, d'ap. Jordaens. Sup. ép. du premier état, avant l'adresse de Bloteling.

739 — La même estampe.

740 — Sainte Famille, d'ap. J. Van Hoeck. Belle ép.

741 **Marinus** et **Danckers**. Enfants chantant, d'ap. Sachtleven. — Les Fumeurs, d'ap. Sorch. — Les Buveurs. Trois pièces. Belles ép.

742 **Martinet** et **Pannier**. Portraits de Raphaël, Velasquez et Rembrandt. Trois pièces.

743 **Marvy** (Louis). Paysages d'ap. Rembrandt. Suite de quinze pièces, belles ép.

744 — Quatorze pièces de la suite précédente; plusieurs sont doubles.

744 bis. **Massard** (J.). Livry (Nicolas de), évêque de Callinique, d'ap. Tocqué. Très-belle ép.

745 — Charles Ier et sa famille, d'ap. Van Dyck. Belle ép.

746 **Massard** (R. Urbain). Sainte Cécile, d'ap. Raphaël. Très-belle ép.

747 — La même estampe.

748 **Massard** et **Forster**. Sainte Cécile, d'ap. Dominiquin. Portrait de femme, d'ap. P. Véronèse. Deux pièces.

749 **Massard** et **Gelée**. Atala et Chactas, d'ap. Girodet. La Vengeance poursuivant le Crime, d'ap. Prud'hon. Deux pièces, très-belles ép. avant la lettre.

750 Masse et **Poilly.** Coypel (A), peintre, d'ap. lui-même. De Troy (F.), peintre, d'ap. lui-même. Deux pièces, très-belles ép.

751 Masson (A.). Jésus-Christ à table avec deux de ses Disciples dans le château d'Emmaüs, d'ap. Titien. Très-belle ép.

752 — Bouillon (Emmanuel-Théodore de la Tour-d'Auvergne, cardinal de), d'ap. Mignard. Colbert (Charles), marquis de Croissy, d'ap. Cascar, Lamoignon (Nicolas de). (R. D., 14-21-39). Trois pièces, très-belles ép.

753 — Abelly (Louis), évêque de Rodez. Forbin de Janson (Toussaint). (R. D., 11, 27). Deux pièces, très-belles ép.

754 — Charrier (Gaspard), Lieutenant criminel au Présidial de Lyon, d'ap. Th. Blanchet (R. D., 16). Sup. ép. du deuxième état.

755 — Dupuis (Pierre), peintre de fleurs, d'ap. Mignard. Patin (Charles). (R. D., 60). Deux pièces, très-belles ép.

756 — Les mêmes estampes, belles ép.

757 — La Mise au Tombeau, d'ap. Titien. Très-belle ép. avant la lettre sur papier de Chine.

758 Matham (J.). Le Coucher de Vénus (B. 15). Très-belle ép.

759 — Saint Luc peignant une image de la sainte Vierge, d'ap. Goltzius (B. 113). Très-belle ép.

760 — Un Homme parlant à une Femme qu'il prend par les épaules (B. 166). — La Vendeuse de légumes (B. 167). — Femme assise dans une cuisine (B. 16). Trois pièces, belles ép.

761 Matham et **Goltzius.** Les Parques filant la vie des hommes (B. 300). Vénus et l'Amour, etc., etc. Cinq pièces, très-belles ép.

762 — Buste de Saint Pierre, d'ap. le Guide. Très-belle ép. avant la lettre.

763 — La même estampe.

763 bis. **Matham** (Th.). Jean Banning Wuytiers sur son lit de parade. Très-belle ép.

764 — Philippe Guillaume, comte palatin du Rhin. Très-belle ép.

765 — Regneri Pauw, d'ap. Ravesteyn. Gerardus Vossius, d'ap. Sandrart. Deux portraits. Très-belles ép.

766 — Philippe-Guillaume, prince d'Orange, d'ap. Mirevelt. Très-belle ép.

767 — Bernardus Hoogewers. Sup. ép. avant toutes lettres.

768 — Leonardus Marius Gœzanus, d'ap. Moyœrt. Très-belle ép.

769 — Kœrten, d'ap. Savoy. Simon, d'ap. Sorg. Jodocus Larenus. Trois portraits. Très-belles ép.

770 — Joannus Banning. Sup. ép. avant les vers sur la tablette, et avant le nom du graveur. Plus une ép. avec les vers, 2 pièces.

771 — Johannes de Jonghe, deux portraits différents. Très-belles ép.

772 — Catherine Charlotte, comtesse palatine du Rhin. Anne Catherine, comtesse palatine du Rhin. Deux pièces, très-belles ép.

773 — Philippe Guillaume, comte palatin du Rhin. Catherine-Charlotte, comtesse palatine du Rhin. Deux pièces, très-belles ép.

774 **Miele** (J.). Le Berger (B. 1). — La Vieille (B. 2). Plus, cinq pièces, sujets d'animaux; par Leuver. Sept pièces, belles ép.

775 **Morghen** (R.). Salvatore, d'ap. C. Dolci. Belle ép.

776 — Le Sauveur du Monde, d'ap. L. de Vinci. — La Vierge de Douleurs, d'ap. Sasso-Ferrato. Deux pièces, belles ép.

777 — Le Christ apparaissant à la Madeleine, en jardinier, d'ap. Baroche. Belle ép.

778 — La Vierge donnant le sein à l'Enfant Jésus, d'ap. Garofalo. — La Vierge avec l'Enfant et saint Jean, d'ap. André del Sarte, etc., etc. Cinq pièces, dont une avant la lettre.

779 — La Jurisprudence, d'ap. Raphaël. — La Vierge au Sac, d'ap. A. del Sarte. Deux pièces. Belles ép.

780 — La Charité, d'ap. le Corrége. — Sainte Famille, d'ap. Rubens. Deux pièces, belles ép.

781 — Le Martyre de saint André, d'ap. le Guide. Belle ép.

782 — La même estampe.

783 — Saint Jean dans le désert, d'ap. le Guide. Belle ép.

784 — Le Char de l'Aurore, d'ap. le Guide. Très-belle ép., dite ainsi aux voiles blancs. Le Char de la nuit, par Volpato. Deux pièces.

785 — Les trois Ages, d'ap. Gérard. Très-belle ép. avant la lettre (lettres tracées), plus une ép. avec la lettre.

786 — La Danse des Muses. — Le Repos en Egypte. Deux pièces, d'ap. N. Poussin. Belles ép.

787 — Apollon et les Muses sur le Parnasse, d'ap. R. Mengs. — La Chasse de Diane, d'ap. le Dominiquin. Deux pièces. Belles ép.

788 — La Poésie, d'ap. G. Hamilton. — Autre Poésie, d'ap. C. Dolci. Deux pièces.

789 — La Poésie, d'ap. C. Dolci. — Madona col Bambino, d'ap. Carrache. — Tête de Christ, d'ap. L. de Vinci, etc. Quatre pièces, belles ép.

790 — La Poésie et la Justice. Deux pièces, d'ap. Raphaël. Belles ép.

791 — Angélique et Médor, d'ap. Matteini. — La Famille de Holstein-Beck, d'ap. A. Kauffman. Deux pièces, belles ép.

792 — La Fornarina, d'ap. Raphaël. Sup. ép. avant toutes lettres. Le bras et la main ne sont pas terminés.

793 — Portrait de Raphaël, d'ap. lui-même. Belle ép.

794 — Le Tasse, Pétrarque et Boccace. Trois portraits, très-belles ép. Le portrait du Tasse est lettres grises.

795 — Wilhemus II, prince de Nassau, d'ap. Mirevelt, ép. avant la lettre. — Jean Volpato, d'ap. A. Kaufman. Deux pièces.

795 bis. — Les mêmes estampes.

796 — Portrait de Napoléon, d'ap. Tofanelli. Belle ép. avant la lettre (lettres tracées), plus une ép. avec la lettre. Deux pièces.

797 — Portrait de Rossini, d'ap. E. Cateni. Très-belle ép. avant la lettre (lettres tracées).

798 **Morin** (Jean). Bentivoglio (Guido), cardinal, d'ap. Van Dyck (R. D. 43). Très-belle ép.

799 — Grimberghe (Honorine), comtesse de Bossu, d'ap. Van Dyck (R. D., 55 et 56). 2 pièces, très-belles ép.

800 — Harcourt (H. de Lorraine, comte d'), d'ap. Ph. de Champaigne. Christin (N.), d'ap. Van Dyck (R. D. 51 et 58). 2 pièces, belles ép.

801 — Marguerite Lemon, d'ap. Van Dyck (R. D. 62). Très-belle ép.

802 — Marillac (Michel de), d'ap. Ph. de Champaigne (R. D. 66). Très-belle ép.

803 — Vignerod (Jean-Baptiste-Amador), abbé de Richelieu (R. D. 85). Très-belle ép.

804 — Vitré (Antoine), d'ap. Ph. de Champaigne (R. D. 88). Très-belle ép.|

805 **Muller** (J.). Le Combat d'Ulysse et d'Irus (B. 30). Très-belle ép.

806 — Minerve donnant des armes à Persée, d'ap. B. Spranger (B. 69). Très-belle ép.

807 — Bacchus et Cérès abandonnant Vénus, d'ap. B. Spranger (B. 74). Très-belle ép.

808 — Jean Neyen, d'ap. Mirevelt. Sup. ép.

809 — Le même Portrait.

810 — Le prince Ambroise Spinola, d'ap. Mirevelt. Très-belle ép.

811 — Maurice, prince d'Orange, comte de Nassau, d'ap. Mirevelt. Sup. ép.

812 — Wolfang (Guillaume), comte palatin du Rhin. Sup. ép.

813 — Chrétien IV, roi de Danemark. Sup. ép.

814 — Albert, archiduc d'Autriche, et Isabelle Claire-Eugénie, d'ap. Rubens. Belles ép.

815 — Les mêmes Portraits.

815 bis. **Muller** (Z.-G.). Lebrun (Mme), peintre, d'ap. elle-même. Très-belle ép.

816 **Muller** et **Pavon**. Adam et Ève — La Vierge au Rideau — La Vierge à l'Oiseau. 3 pièces d'ap, Raphaël; deux sont avant la lettre.

817 **Murphy** et **M. Ardell**. Vulcain et ses Cyclopes, d'ap. L. Giordano — Le Temps coupant les ailes de l'Amour, d'ap. Van Dyck. 2 p., belles ép.

818 **Nanteuil** (Robert). Anne d'Autriche, reine de France, d'ap. Mignard (R. D. 22). Belle ép. du 4e état.

819 — Auvry (Claude), évêque de Coutances. Très-belle ép. du 1er état; Blondeau (François), président de la Chambre des Comptes (R. D. 26 et 40). 2 p.

820 — Bouillon (Frédéric-Maurice de la Tour-d'Auvergne, duc de) (R. D. 49); Bouillon (Godefroy Maurice de la Tour-d'Auvergne duc de) (R. D. 50). 2 p., belles épreuves.

821 — Castelnau (Jacques, marquis de) (R. D. 58); Chapelain (Jean) (R. D. 60); Charles II, duc de Mantoue (R. D. 62). 3 pièces, belles ép.

822 — Chavigny (Léon Le Bouthillier, comte de), ministre d'État ($R_{\cdot}$ D. 66); Epernon (Bernard de Foix de la Valette, duc d') (R. D. 91), 1er état; Fleubert (Gaspard de), premier président au Parlement de Toulouse ($R_{\cdot}$ D. 96). 3 pièces, belles ép.

823 — Fouquet (Nicolas), surintendant des finances
(R. D. 98). Très-belle ép. du 2ᵉ état.

824 — Gillier (Melchior de), maître de l'hôtel du roi
(R. D. 102); Guebriant (Jean-Baptiste Budes, comte de),
maréchal de France (R. D. 104). 3 pièces, dont
une double. Belles ép.

825 — Guenault (Henri de), secrétaire d'État (R. D. 106);
Hesselin (Louis), conseiller d'État (R. D. 110), 1ᵉʳ état.
2 pièces. Très-belles ép.

826 — Jeannin (Pierre), surintendant des finances
(R. D. 112); La Barde (Denis de), évêque de Saint-
Brieuc (R. D. 115); Lallemant (Pierre), prieur de Sainte-
Geneviève (R. D. 117). 3 pièces, belles ép.

827 — La Meilleraye (Charles de la Porte, duc de), maréchal de France (R. D. 118). Très-belle ép.

828 — Le Tellier (Michel) (R. D. 128, 131 et 135). 3 p.,
belles ép.

829 — Mazarin (Jules), cardinal, ministre d'État (R. D. 186).
Très-belle ép.

830 — Le Vayer (François de la Mothe), conseiller d'État
(R. D. 143), — Longueville (Henri d'Orléans, duc de)
(R. D. 149), — Mallier de Houssay (François), évêque
de Troyes (R. D. 167). Trois pièces, belles ép.

831 — Molé (Édouard), Président à mortier au parlement
de Paris (R. D. 193), — Mouy (H. de Lorraine, marquis de) (R. D. 197), — Nemours (H. de Savoie, duc
de) (R. D. 198). Trois pièces, belles ép.

832 — Nesmond (Fr. Th. de), Président à mortier au
parlement de Paris (R. D. 201), — Péréfixe de Beau-
mont (Hardouin de), archevêque de Paris (R. D. 211)
deuxième état. Trois pièces, très-belles ép. dont une
double.

832 bis — Poncet (Pierre), maître des requêtes (R. D. 215),
— Scudéry (Georges de), membre de l'Académie
française (R. D. 221). Trois pièces, dont une double.

833 **Natalis.** La Vierge, l'Enfant Jésus et saint Jean, d'ap. S. Bourdon. Très-belle ép. avant la lettre, portant la signature de P. Mariette, 1665.

834 — Le Christ apparaissant à saint Bruno, d'ap. Bertholet. Très-belle ép.

835 — Frédéric, comte de Mérode, d'ap. Flemale, — Albert, prince palatin du Rhin, etc., etc. Quatre portraits, très-belles ép.

836 **Natalis** et **Soutman.** Maximilien, prince palatin du Rhin, d'ap. Sandraert, — Jean Maurice, comte de Nassau. Deux portaits, belles ép.

837 **Neefs** (J.). Jésus-Christ devant Pilate, d'ap. J. Jordaens. Très-belle ép. du premier état, avec l'adresse de Martin Van den Enden.

838 — La même Estampe.

839 — Le Satyre et le Passant, d'ap. Jordaens. Très-belle ép, du premier état, avant l'adresse de Bloteling, plus une ép. avec l'adresse effacée. Deux pièces.

840 — Le Berger et la Bergère, d'ap. Jordaens. — La Vierge apparaissant à saint Thomas. Deux pièces.

841 — Une Femme à sa toilette, d'ap. J. Jordaens. Très-belle ép. tirée avant le n° 14 dans le bas de la marge inférieure, à droite. Elle a de la marge.

842 **Oudry** (J. B.). Sujets de Chasse (R. D. 164). Très-belles ép. Quatre pièces.

843 **Oudry** (d'ap.). Différents sujets de Chasse. Quatre pièces.

844 **Ostade** (Adrien Van). Son OEuvre en 53 pièces dont plusieurs doubles. Anciennes ép.

845 **Paterre** (d'ap.). La belle Bouquetière. — Le Concert amoureux. — La Conversation intéressante. Trois pièces par Fillœul. Belles ép.

846 — Douze pièces pour le Roman comique de Scarron, dont six avant la lettre. Belles ép.

847 **Paterre et Lancret** (d'ap.). Vivandières de Brest,
par le Bas, — Le Théâtre Italien Par Schmidt, — Le
Joueur de flûte et la Solitude, par Cochin. Quatre
pièces, belles ép.

848 **Pentcz** (G.). Tobie et l'Ange (B. 17). —Sujets de
l'Histoire romaine en largeur (B. 80 et 81). — Le poëte
Virgile exposé dans un panier (B. 87). Quatre pièces,
très-belles, ép.

849 — Sujets de l'Histoire romaine en largeur (B. 79. 81).
Deux pièces, belles ép.

850 — Les six Triomphes décrits par Pétrarque. Suite de
six estampes (B. 117. 122). Sup. ép.

851 **Pesne** (A.). Le Testament d'Eudamidas, d'ap.
N. Poussin. Très-belle ép.

852 — La Mort de Saphyre, — Le Triomphe de Galathée.
Deux pièces, d'ap. N. Poussin. Très-belles ép.

853 — Poussin (Nicolas), d'ap. lui-même. Très-belle ép.

854 **Pitau** (N.). Petau (A.), conseiller au Parlement, d'ap.
Lefèvre, Péréfixe (cardinal de), archevêque de Paris,
d'ap. Mignard. Deux pièces, très-belles ép.

855 **Poilly** (F. de). La Sainte Famille, d'ap. N. Poussin, — La Fuite en Égypte, d'ap. le Guide. Deux
pièces.

856 — La Sainte Famille adorée par les anges, d'ap.
N. Poussin. Très-belle ép.

857 **Pontius** (P.). Portrait de Rubens, d'ap. lui-même.
Sup. ép.

858 — Jésus-Christ mort, soutenu par la Vierge, d'ap. Van
Dyck. Belle ép.

859 — La Vierge et l'Enfant Jésus, d'ap. Van Dyck. Sup.
ép. du premier état, avant la dédicace à A. Triest;
elle porte la signature de P. Mariette, 1674.

860 — Sainte Rosalie couronnée par l'Enfant Jésus, d'ap.
Van Dyck. Très-belle ép.

861 — La même Estampe. Très-belle ép.

862 — Saint Herman Joseph à genoux devant la sainte Vierge, d'ap. Van Dyck. Sup. ép. du premier état, avant l'adresse de A. Bon Enfant.

863 — La même Estampe avec l'adresse.

864 — François Thomas de Savoie, prince de Carignan, d'ap. Van Dyck. Sup. ép.

865 — Frédéric-Henri de Nassau, prince d'Orange, d'ap. Van Dyck. Très-belle ép.

866 — Le même Portrait. Très-belle ép.

867 — Henri, comte de Berghe, d'ap. Van Dyck. Sup. ép. du premier état, avant que le mot Catholici ait été effacé.

868 — Portraits de Van Dyck et Rubens, sur la même feuille, d'ap. Van Dyck. Très-belle ép.

869 — La même Estampe. Belle ép.

870 — Isabelle de Bourbon, femme de Philippe IV, d'ap. Rubens. Très-belle ép.

871 — Philippe IV, roi d'Espagne. d'ap. Rubens. Sup. ép. du premier état, avant que la moustache du personnage ait été retroussée et avant l'adresse de Gellis Hendrix.

872 — Les deux mêmes Portraits. Très-belles ép.

873 — Guillaume Marquis, docteur en médecine, d'ap. F. de Nys. — Gaspard Gevarts, d'ap. Rubens. Deux pièces, sup. ép.

874 — L'Adoration des Mages, d'ap. G. Seghers. Belle ép.

875 — La Vierge, l'Enfant Jésus et sainte Anne, d'ap. G. Seghers. Très-belle ép.

876 — Petrus Canisius d'ap. Diepenbecke. — Adolphus Vorstius, d'ap. G. Petri. Trois portraits dont un double. Belles ép.

877-878 — Marius Ambrosius Capellus, docteur en théologie, d'ap. Diepenbeke. — Gaspard Gevarts, jurisconsulte d'Anvers, d'ap. Rubens. Très-belles ép.

879 — Jean de Hæm, d'ap. J. Livens. Sup. ép. avec l'adresse de Martin Van den Enden.

880 — Daniel Seghers, d'ap. Livens. Sup. ép. avec l'adresse de Martin Van den Enden.

881 — La Sainte Famille, d'ap. J. Van Hœck. Très-belle ép.

882 — La Fuite en Égypte, d'ap. Jordaens. Sup. ép. du premier état avant l'adresse de Bloteling.

883 — La même Estampe, même état.

884 — Le Roi boit, d'ap. Jordaens. Sup. ép. avant le n° 5, à la droite de la marge du bas.

885 — La même Estampe. Belle ép.

886 — Léopold, empereur d'Allemagne, d'ap. F. Luyez. Sup. ép.

887 — Jacques Rœlans, d'ap. Villebords. Très-belle ép.

888 — Le même Portrait. Très-belle ép.

889 — Gaspard de Gusman, comte d'Olivarès, duc de Sanlucar, dans un ovale entouré de trophées et soutenu par deux génies. Le Portrait est d'ap. Velasquez et l'encadrement d'ap. Rubens. Très-belle ép.

890 — Uladislas Sigismond, roi de Pologne. Sup. ép.

891 — Raphaël d'Urbin, d'ap. lui-même. Sup. ép. avec l'adresse du graveur.

892 **Pontius** et **Vorsterman**. Saint François Xavier, — Jésus flagellé, — Saint François soutenu par les Anges. Trois pièces, d'ap. G. Seghers. Très-belles ép.

893 **Porporati**. Agar renvoyée par Abraham. Très-belle ép. avant toutes lettres.

894 — Clorinde et Tancrède, d'ap Van Loo, — La Prêtresse compatissante, d'ap. Gibelin. Deux pièces, très-belles ép. avant la lettre ; plus une ép. avec la lettre.

895 — Vénus qui caresse l'Amour, d'ap. Battoni, — Le Bain de Léda, d'ap. Corrége, — Le Coucher, d'ap. Van Loo. Trois pièces, belles ép.

896 **Pradier**. Raphaël et la Fornarine, d'ap. Ingres. Très-belle ép. sur papier de Chine.

897 **Pradier** et **Richomme**. La Fille du Titien, d'ap. lui-même, — Marc-Antoine, d'ap. Raphaël. Deux pièces, belles ép.

898 **Queboren**. Louise, princesse d'Orange, — Marie-Madeleine, comtesse de Waldeck. Deux pièces, très-belles ép.

899 **Raimondi** (Marc-Antoine). La Vierge à la longue cuisse, d'ap. Raphaël. (B. 57). Très-belle ép.

900 — La Tempérance (B. 390). Très-belle ép.

901 **Rembrandt** (P. Van Rhyn). Portrait de Rembrandt à bonnet et à robe fourrés (B. 14). Cl. 14. C. B. 225. — Portrait de Rembrandt au bonnet rond et fourré (B. 16). Cl. 16. C. B. 223. Deux pièces, très-belles ép.

902 — Portrait de Rembrandt avec une écharpe autour du cou (B. 17). Cl. 17. C. B. 229. — Portrait de Rembrandt et sa Famille (B. 19). Cl. 19. C. B. 203. Deux pièces, belles ép.

903 — Portrait de Rembrandt et de sa Femme (B. 19). Cl. 19. 283. Très-belle ép.

904 — Portrait de Rembrandt tenant un sabre (B. 18). Cl. 18. C. B. 231. Très-belle ép.

905 — Portrait de Rembrandt au bonnet orné d'une plume (B. 20). Cl. 20. C. B. 233. Très-belle ép.

906 — Portrait de Rembrandt dessinant (B. 22). Cl. 22. C. B. 235. — Portrait de Rembrandt en ovale. B. 23 Cl. 23. C. B. 232. Trois pièces, belles ép. Le premier est double.

907 — Portrait de Rembrandt aux cheveux courts et frisés (B. 36). Cl. 26. C. B. 216. Très-belle ép. du premier état, avant le nom du maître. — Le même Portrait avec le nom. Deux pièces.

908 — Agar renvoyée par Abraham (B. 30). Cl. 37. Ch. B. 3. Très-belle ép.

909 — Abraham caressant Isaac (B. 33). Cl. 38. C. B. 4. —
Abraham avec son fils Isaac (B. 34). Cl. 39. C. B. 4.
Deux pièces, très-belles ép.

909 bis — Les mêmes Estampes. Très-belles ép.

910 — Joseph racontant ses songes à sa famille (B. 37).
Cl. 41. C. B. 9. Belle ép.

911 — La même Estampe. Joseph et la Femme de Puti-
phar (B. 39). Cl. 43 C. B. 11. Deux pièces.

912 — Abraham qui reçoit les trois anges (B. 29). Cl. 35.
C. B. 2. Belle ép.

913 — Le Triomphe de Mardochée. B. 40. Cl. 44. C. B. 12.
Belle ép.

914 — L'Ange qui disparaît devant la famille de Tobie
(B. 43) Cl. 47. C. B. 16. — La Nativité (B. 45). Cl. 49.
C. B. 18. Deux pièces, belles ép.

915 — L'Annonciation aux Bergers (B. 44). Cl. 48. B. C. 17.
Belle ép.

916 — L'Adoration des Bergers (B. 46). Cl. 50. C. B. 19.
Très-belle ép.

917 — La Circoncision (B. 47). Cl. 51. C. B. 20. — Autre
Circoncision (B. 48). Cl. 52. B. C. 21. — Présentation
au Temple., B. 51. Cl. 55. C. B. 24. Trois pièces,
belles ép.

918 — Présentation au Temple (B. 49). Cl. 53. C. B. 22.
Belle ép.

919 — Fuite en Égypte (B. 53). Cl. 57. C. B. 26. — Autre
Fuite en Égypte. B. 55, Cl. 59. C. B. 28. Deux pièces,
belles ép.

920 — Les mêmes Estampes. Très-belles ép. —

921 — Repos en Égypte (B. 57), La Vierge avec l'Enfant Jésus sur des nuages (B. 61), — La Sainte Famille
(B. 62). — Autre Sainte Famille (B. 63). Quatre pièces,
belles ép.

922 — Jésus-Christ au milieu des docteurs (B. 64). Cl.

68. C. B. 35. — Jésus disputant avec les docteurs de la loi (B. 65). Cl. 69. C. B. 36. — Jésus au milieu des docteurs (B. 64). Trois pièces, belles ép.

923 — Les mêmes Estampes.

924 — Jésus prêchant, ou la petite Tombe (B. 67). Cl. 71. C. B. 89. Belle ép.

925 — Le Denier de César (B. 68). Cl. 72. C. B. 43. — Jésus chassant les vendeurs du Temple (B. 69). Cl. 73. C. B. 44. Deux pièces, belles ép.

926 — Les mêmes Estampes.

927 — La Samaritaine (B. 70). — Autre Samaritaine (B. 71).— Résurrection de Lazare (B. 72). Trois pièces, belles ép.

928 — Les mêmes Estampes.

929 — Petite Résurrection de Lazare (B. 72). — Grande Résurrection de Lazare (B. 73). Trois pièces, bonnes ép. La deuxième est double.

930 — Jésus-Christ dans le jardin des Oliviers (B. 75). — Jésus-Christ en croix entre les deux larrons (B. 79). — Jésus-Christ en croix (B. 80). Trois pièces, belles ép.

931 — Ecce Homo (B. 77). Cl. 82. C. B. 52. Très-belle ép. du troisième état.

932 — La grande Descente de croix (B. 81). Cl. 83. C. B. 56. Belle ép. avec l'adresse de Hendricus Ulenburgensis.

933 — Descente de croix au flambeau (B. 83). Cl. 87. C. B. 58. — Les Disciples d'Emmaüs (B. 87). Cl. 91. C. B. 63. Deux pièces, très-belles ép.

934 — Les mêmes Estampes.

935 — Le Transport de Jésus-Christ au tombeau (B. 84). — Les petits Disciples d'Emmaüs (B. 88). Cl. 92. C. B. 62. Deux pièces, belles ép.

936 — Le bon Samaritain (B. 90). Cl. 94. C. B. 44. Très-belle ép., plus la copie par Savri. Deux pièces.

937 — Le Retour de l'Enfant prodigue (B. 91). Cl. 95. C. B. 43. Belle ép.

938 — La Décollation de saint Jean-Baptiste (B. 92), — Pierre et Jean à la porte du Temple (B. 94). Cl. 97 C. B. 65. Deux pièces, belles ép.

939 — Le Martyre de saint Étienne (B. 97). Le Baptême de l'Eunuque (B. 98). Deux pièces.

940 — La Mort de la Vierge (B. 99). Cl. 102. C. B. 70. Très-belle ép.

941 — Saint Jérôme (B. 100). Cl. 103. C. B. 71. — Autre saint Jérôme (B. 101). Cl. 104. C. B. 72. — Saint Jérôme (B. 102). Cl. 105. C. B. 73. Trois pièces, très-belles ép.

942 — Saint Jérôme (B. 105). Belle ép.

943 — La même Estampe.

944 — La Médée ou le Mariage de Jason et de Creuse (B. 112). Cl. 114. C. B. 82. Très-belle ép. du troisième état.

945 — L'Étoile des rois (B. 113). Très-belle ép.

946 — La même Estampe.

947 — Chasse aux lions (B. 114). Cl. 116. C. B. 86. Très-belle ép.

948 — Chasse aux lions (B. 115). Cl. 117. C. B. 87. — Autre Chasse aux lions (B. 116). Cl. 118. C. B. 88. Sujet de Bataille (1. 117). Cl. 119. C. B. 89. Trois pièces, très-belles ép.

949 — Trois Figures orientales (B. 117), original et copie. — Les Musiciens ambulants (B. 119). Trois pièces.

950 — Les Musiciens ambulants (B. 119), — Le Vendeur de mort-aux-rats (B. 121). Deux pièces, très-belles ép.

951 — Le petit Orfèvre (B. 123). Cl. 125. C. B. 94. Très-belle ép. Cabinet Debois.

952 — Le petit Orfèvre, — La Faiseuse de Kouks (B. 124). Cl. 126. C. B. 93. Très-belles ép.

953 — La Synagogue des Juifs (B. 126). Cl. 128. Belle ép.

954 — Le Maître d'école (B. 128). Cl. 129, — Homme à cheval (B. 139). Cl. 138. C. B. 106. Deux pièces, très-belles ép.

955 — Le Dessinateur (B. 130), — Le Paysan avec Femme et Enfant (B. 131). Deux pièces, belles ép.

956 — Paysan les mains derrière le dos. Cl. 135. C. B. 103. Sup. ép. — Juif à grand bonnet, (B. 133). Deux pièces.

957 — Homme méditant (B. 148). Cl. 145. C. B. 112. — Figure d'un vieillard à courte barbe (B. 151). Cl. 148. C. B. 115. Trois pièces dont une double. Belles ép.

958 — Le Persan (B. 152). Cl. 149. C. B. 105. Très-belle ép.

959 — Gueux debout (B. 163). Cl. 160. C. B. 126. — Gueux et Gueuse (B. 164). Cl. 161. C. B. 168. Trois pièces dont une double. Belles ép.

960 — La Femme à la calebasse (B. 168). — Vieille Mendiante debout (B. 170). — Gueux assis au bord d'un mur (B. 193). Trois pièces, belles ép.

961 — Gueux assis sur une motte de terre (B. 174). Cl. 171. C. B. 136. Très-belle ép. du premier état, avant le nom du maître écrit en toutes lettres.

962 — Mendiants à la porte d'une maison (B. 176). Cl. 173. C. B. 146. Très-belle ép.

963 — Deux Gueux en pendant (B. 177. 178). Cl. 174. 175. C. B. 140. 141. — Gueux estropié (B. 179). Cl. 176. C. B. 142. Belles ép.

964 — Le Dessinateur, d'ap. le modèle (B. 192). Cl. 189. C. B. 167. Belle ép.

965 — Homme nu assis (B. 195). Cl. 190. C. B. 158. Très-belle ép.

966 — Figures académiques d'hommes (B. 194). Cl. 191. C. B. 159. Très-belle ép.

967 — Femme nue les pieds dans l'eau (B. 200). Cl. 197. C. B. 164. — Femme nue dormant (B. 204). Cl. 201. C. B. 168. Deux pièces très-belles ép.

967 (bis) — Les mêmes Estampes.

968 — La Grange à foin (B. 224). Cl. 222. C. B. 334. Très-belle copie en contre-partie.

969 — Vieillard portant la main à son bonnet. B. 259. Cl. 256. C. B. 268. Belle ép. du premier état.

970 — Vieillard à grande barbe (B. 260). Cl. 257. C. B. 281. — Très-belle ép.

971 — Homme avec chaîne et croix (B. 261). Cl. 258. C. B. 257. Très-belle ép. avant le prolongement des travaux au bord supérieur de la planche.

972 — Homme à barbe courte et bonnet fourré (B. 263). Cl. 260. C. B. 267. Belle ép.

973 — Portrait de Jean-Antoine Vander Linden (B. 264). Cl. 261. C. B. 181. Belle ép. du deuxième état.

974 — Vieillard à barbe carrée (B. 265). Cl. 262. C. B. 271. Très-belle ép.

975 — Portrait de Janus Silvius (B. 266). Cl. 263. C. B. 186. Très-belle ép.

976 — Portrait de Menassé Ben-Israel (B. 269). Cl. 266. C. B. 183. Belle ép.

977 — Portrait de Renier Ansloo. B. 271. Cl. 268. C. B. 170. Belle ép.

978 — Portrait de Faustus (B. 270). Cl. 267. C. B. 84. Belle ép.

979 — Portrait de Clément de Jonghe (B. 272). Cl. 269. C. B. 180. Belle ép.

980 — Portrait de Abraham France (B. 273). Cl. 270. C. B. 176. Très-belle ép.

981 — Portrait de Jean Lutma (B. 276). Cl. 273. C. B. 182. Très-belle ép.

982 — Le même Portrait. Très-belle ép.

983 — Portrait de Jean Asselin (B. 277). Cl. 274. C. B. 171. Belle ép.

984 — Portrait de Utenbogardus (B. 279). Cl. 276. C. B. 190. Belle ép.

985 — La même Estampe. Belle ép.

986 — Portrait de Jean Silvius (B. 280). Cl. 277. C. B. 187. Très-belle ép.

987 — Le grand Coppenol (B. 283). Cl. 280. C. B. 175. Belle ép. de la planche réduite.

988 — Seconde Tête orientale (B. 287). Cl. 284 C. B. 288. Très-belle ép.

989 — Homme en cheveux (B. 289). Cl. 285. C. B. 255. Très-belle ép.

990 — Vieillard à grande barbe (B. 290). Cl. 287. Très belle ép.

991 — Vieillard à grande barbe (B. 291). Cl. 288. C. B. 285. Très-belles ép.

992 — Tête d'homme chauve. (B. 292.) Cl. 289. C. B. 272. Très-belle ép.

993 — Tête d'homme chauve (B. 294). Cl. 291. C. B. 274. Belle ép.

994 — Vieillard à tête chauve. (B. 298). Cl. 294. Très-belle ép. du premier état.

995 — Tête d'homme de face (B. 304). Cl. 300. C. B. 265. Très-belle ép.

996 — Homme à bouche de travers (B. 305). — Vieillard chauve à courte barbe (306). Deux pièces, belles ép.

997 — Homme avec bonnet (B. 307). Cl. 303. C. B. 264. Très-belle ép.

998 — Homme avec chapeau à grands bords (B. 311). Cl. 307. C. B. 260. Belle ép.

999 — Vieillard à tête chauve (B. 324). Cl. 317. B. B. 276. — Vieillard à barbe carrée fort large. (B. 325). Cl. 318. Deux pièces, belles ép.

1000 — La grande Mariée juive (B. 340). Cl. 330. C. B. 199. Très-belle ép.

1001 — Vieille femme assise (B. 344). Cl. 334. C. B. 197. Belle ép.

1002 — Buste de la mère de Rembrandt (B. 349). Cl. **339**. Très-belle ép.

1003 — La même estampe. Très-belle ép.

1004 — Vieille avec voile noir. (B. 355). Cl. 345. C. B. **245**. Belle ép. 6

1005 — Buste de la mère de Rembrandt (B. 353). Cl. **343**. Belle ép. 6

— Griffonnements, où se voit la tête de Rembrandt, — Études de six têtes, au milieu desquelles est le portrait de la femme de Rembrandt, — Trois têtes de femmes, dont une qui dort. B. 363, 365, 368. Trois pièces. Belles ép.

1006 **Rembrandt** (d'ap.). David devant Saül, par P. Leuw, — Le Mathématicien, par M. Ardell. Deux pièces, belles ép.

1007 — Tobie et l'Ange, par M. Ardell; épreuves avant et avec la lettre, — Intérieur hollandais. Trois pièces.

1008 Jupiter et Mercure, chez Philémon et Baucis, par Watson. — Le Denier de César, par Marc Ardell. Deux pièces; très-belles ép. avant la lettre.

1009 — Les mêmes Estampes, dont une avec la lettre.

1010 — La mère de Rembrandt, par Marc Ardell.—Portrait d'homme, par Houston. Deux pièces très-belles; ép. avant la lettre.

1011 — Les mêmes estampes avec la lettre; plus le portrait de Rembrandt, par P. B. Trois pièces.

1012 — Reinier Ansloo et sa femme, par J. Boydell,—Suzanne et les Vieillards, par Earlom. Deu pièces très-belles; ép. avant la lettre.

1013 — Bourgeoisie armée d'Amsterdam, par Claessens. Bonne ép.

1014 — Portrait de Rembrandt âgé, par Earlom. Trè belle ép. avant la lettre.

1015 — La même estampe, avec la lettre.

1016 — Portrait de la femme de Rembrandt, par Earlom, — Le grand Rabbin Juif, par Péther ; ép. avant la lettre, plus la même estampe, avec la lettre. Trois pièces.

1017 — Démonstration anatomique, — Syndics de la halle aux draps ; deux pièces par de Frey. Belles ép.

1018 — Portrait du prince Rupert, par V. Green. Belle ép.

1019 — La même estampe.

1020 — Achille à la cour de Lycomèdes, par Haïd, — Condamnation d'Haman, par Houston, — Le Joueur de Mandoline; trois pièces. Très-belles ép., dont deux avant la lettre.

1021 — Les Disciples d'Emmaüs, — La Présentation au temple, par de Frey, — Laissez venir à moi les petits enfants, par Hess. Trois pièces ; les deux premières sont avant la lettre.

1022 — Femme plumant un coq, par Houston, — Vieille femme lisant, par P. Lauw, — La Mariée juive, par Corbutt. Trois pièces, dont une avant la lettre.

1023 — Portrait d'homme, par Houston. Très-belle ép. avant la lettre; plus une ép. avec la lettre. Deux pièces.

1024 — L'Ange qui disparaît devant la famille de Tobie. Deux compositions différentes, par Malbeste et Walker, plus Jésus chez Emmaüs, par de Frey. Trois pièces, dont deux avant la lettre.

1025 — Abraham avec son fils Isaac, par Earlom, — Le Sacrifice d'Abraham, par Murphy. Deux pièces, belles ép.

1026 — Bethsabée au bain, par Moreau. Très-belle ép. avant la lettre, plus une ép. avec la lettre. Deux pièces.

1027 — Philosophe en méditation, par Phillips, — Officier tenant un glaive, par Péther, — Portrait d'homme tenant un papier roulé, par Péther, — L'Homme tenant un sabre, par Haïd. Quatre pièces ; très-belles ép., dont une avant la lettre.

1028 — The Lord of the Vineyard Paying his Labourers, par Ravenet, — Susanne et les Vieillards, par Earlom. Deux pièces avant la lettre.

1029 — Lady reading, par Earlom, — Femme assise, d'ap. Rubens, par Watson. Deux pièces.

1029 bis. — Le Mathématicien, par Ardell, — L'Éducation de la Vierge, par Walker, — Portrait de Rembrandt, par Wrenk. Trois pièces, belles ép.

1030 — La Femme de Rembrandt, — Homme tenant un glaive, — Portrait de Wallenstine, d'ap. G. Dow. Trois pièces, dont deux avant la lettre.

1031 **Reni** (Guido). La Vierge et l'Enfant Jésus (B. 1), — L'Amour de l'Étude (B. 16), etc. ; quatre pièces dont un double. Belles ép.

1032 **Reynolds** (S.-J.). Bacchus, par Smith. Belle ép.

1033 — Élisabeth, comtesse de Berkley, — Lady Caroline Russell. Deux portraits, par E. Ardell. Belles ép.

1034 — Homme assis dans un fauteuil, par Watson. Belle épreuve.

1035 — Jeune Femme à mi-corps, en costume de Polonaise, par Spilsbrery. Belle ép.

1036 — Sir Jeffery Amherst, par Watson. Belle ép.

1037 **Ribera** (G.). Le Corps mort de Jésus-Christ (B. 1). Très-belle ép.

1038 — La même estampe.

1039 — Saint Jérôme lisant (B. 3). Très-belle ép.

1040 — La même estampe.

1041 — Saint Jérôme (B. 4). Saint Jérôme (B. 5). Deux pièces. Belles ép.

1042 — Les mêmes estampes.

1843 — Saint Barthélemy (B. 6), — Saint Pierre (B. 7); plus une copie du saint Barthélemy.

1044 — Les mêmes estampes.

1045 — Le Poëte (B. 10). Belle ép.

1046 — Silène (B. 13). Très-belle ép.

1047 — La même estampe.

1048 **Richomme** (J. Th.). Neptune et Amphitrite, d'ap. Jules Romain. Belle ép.

1049 **Roullet**. Beringhen (J.-L., Marquis de), d'ap. Mignard. Superbe ép.

1050 — La même estampe, très-belle ép.

ŒUVRE DE RUBENS

1051 **Rubens** (P.-P.). Vue de l'Hôtel de Rubens à Anvers, gravé par Harrewyn.

1052 — Saint François recevant les Stigmates (B. 9 des sujets de saints). 2 épreuves. La Madeleine qui s'arrache les cheveux (B. 28). Des sujets de saintes. **3** pièces; belles ép.

1053 — Une Femme avec un panier pendu au bras (B. 46 des Allég.). Très-belle ép.

1054 — La même estampe; ép. sans aucune lettre.

1055 **Anonyme.** Hospitalité de Philémon et Baucis envers Mercure et Jupiter. (B. 34 des sujets de la fable).

1056 **Ardell** (J.-M.). Rubens et sa première femme. Très-belle ép. avant toutes lettres. ?.

1057 **Baillu** (P. de). Réconciliation de Jacob et d'Esaü. (B. 14 de l'A. T.). Très-belle ép. du premier état; avec l'adresse de R. Van de Velde; plus une ép. avec l'adresse effacée. 2 pièces.

1058 — Prière au jardin des Oliviers (B. 66 du N.-T.). Très-belle ép.

1059 — Enlèvement d'Hippodamie, ou le Combat des Lapithes (B. 15 des sujets de la fable). Progné faisant

voir la tête de son fils à son époux (B. 36 des sujets
de la fable). 2 pièces faisant pendant ; superbes ép.

1060 **Bergh** (Van den). F. Vander Linden, Portraits de
religieux ; 3 pièces. Belles ép.

1061 **Bloemaert** (C.). Méléagre qui présente la hure de
sanglier de Calydon à Atalante (B. 21 des sujets de
la fable). Belle ép.

1062 **Bolswert** (B. à). Le Jugement de Salomon (B. 24 de
l'A. T.). Très-belle ép.

1063 — Jésus-Christ en croix entre les deux larrons
(B. 87 du N. T.). Très-belle ép.

1064 — La Résurrection de Lazare (B. 61 du N. T.).
Superbe ép.

1065 — La même estampe. Belle ép.

1066 **Bolswert** (S. à). Le Serpent d'airain (B. 16 de
l'A. T.). Très-belle ép.

1067 — Le Mariage de la Vierge (B. 1 du N. T.).
Sainte Famille (B. 52 des sujets de Vierges). 2 pièces ;
belles ép.

1068 — L'Annonciation (B. 3 du N. T.). Très-belle ép.
du premier état, avec l'adresse de Martinus Vanden
Enden.

1069 — La Nativité (B. 7 du N. T.). Superbe ép. du premier état, avec l'adresse de M. V. Enden.

1070 — La Nativité (B. 7 du N. T.). Sainte Thérèse aux
pieds du Christ (B. 33 des sujets de saintes).
2 pièces.

1071 — La Nativité (B. 10 du N. T.). L'Immaculée Con-
ception (B. des sujets de Vierges). 2 pièces. Belles
épreuves.

1072 — L'Adoration des Rois. (B. 15 du N. T.). Superbe
ép. du premier état, avec l'adresse de Martinus
Vanden Enden ; elle a de la marge.

1073 — Retour d'Égypte (B. 29 du N. T.). Très-belle ép.
avec l'adresse de Martinus Vanden Enden.

1074 — Le Bourreau donnant la tête de saint Jean à Salomé (B. 39 du N. T.). Superbe ép.

1075 — La grande Pêche miraculeuse en trois feuilles (B. 48 du N. T.). Superbe ép.

1076 — Le Christ en croix entre les deux Larrons (B. 86 du N. T.). Très-belle ép.

1077 — Un Christ, et la ville de Jérusalem (B. 93 du N. T.). Superbe ép. du premier état, avec l'adresse de M. Vanden Enden.

1078 — Jésus-Christ mort sur les genoux de la Vierge (B. 102 du N. T.). L'Érection en croix, d'aprè V. Dyck. 2 pièces. Très-belles épreuves.

1079 — La Résurrection (B. 109 du N. T.). Très-belle ép. du premier état, avec l'adresse de Martinus Vanden Enden.

1080 — La Résurrection, l'Ascension du Christ (B. 109 et 118 du N. T.). Belles ép.

1081 — Trinité où l'on voit Jésus-Christ mort sur les genoux du Père éternel (B. 123 du N. T.). Très-belle ép., avec l'adresse de Martinus Vanden Enden.

1082 — La Conversion de Saint Paul (B. 129 du N. T.). Superbe ép. avec *S. d Bolswert sculpsit et excudit C. pr. R.*, etc. Rare.

1083 — L'Assomption (B. 4 des sujets de Vierges). Très-belle ép. du premier état, avec l'adresse de M. Vanden Enden.

1084 — L'Assomption, où l'un des Disciples lève la pierre du Sépulcre (B. 5 des sujets de Vierges). Très-belle ép., avec l'adresse de G. Hendricx.

1085 — La même estampe; épreuve avec l'adresse de G. Huberti.

1086 — La Sainte Vierge que l'Enfant Jésus embrasse (B. 30 des sujets de Vierges). Superbe ép. du premier état, avec l'adresse de *Martinus Vanden-Enden*, portant la signature de P. Mariette 1670.

1087 — La même estampe, même état.

1088 — L'Enfant Jésus sur une table, et caressant la Sainte Vierge (B. 34 des sujets de Vierges). Superbe épreuve.

1089 — La Vierge tenant l'Enfant Jésus sur ses genoux (B. 36 des sujets de Vierges). Superbe ép. du premier état, avec l'adresse du graveur. Collection Vanden Zande.

1090 — Sainte Famille, où l'Enfant Jésus et saint Jean caressent un agneau (B. 44 des sujets de Vierges). Très-belle ép. du premier état, avec l'adresse de Martinus Vanden Enden.

1091 — Sainte Famille, où l'Enfant Jésus caresse la Sainte Vierge (B. 55 des sujets de Vierges). Très-belle ép. du premier état, avant l'adresse d'Ant. Bon Enfant.

1092 — Sainte Famille, où l'Enfant Jésus tient un oiseau. (B. 58 des sujets de Vierges). Superbe ép. du premier état, avant l'adresse de Gilles Hendricx.

1093 — La même estampe avec l'adresse.

1094 — Saint Ignace de Loyola et Saint François Xavier (B. 24 et 27 des sujets de Saints). 2 pièces. Belles ép.

1095 — L'Éducation de la Vierge (B. 2 des sujets de Saintes). Très-belle ép. du premier état, avec l'adresse de Martin Vanden Enden.

1096 — Sainte Barbe, Sainte Catherine (B. 6 et 13 des sujets de Saintes). Tête de Christ. 3 pièces. Belles ép.

1097 — Sainte Thérèse aux pieds du Christ (B. 33 des sujets de Saintes). Superbe ép. du premier état, avec l'adresse de Martin Vanden Enden.

1098 — Les quatre Évangélistes (B. 128 du N. T.). Sainte Claire et les Pères de l'Église (B. 4 des sujets d'hist. et Allég. sacrées). 3 pièces. Très-belles ép. ; une est double.

1099 — La Destruction de l'idolâtrie, le Triomphe de l'Église par l'Eucharistie (B. 6 et 8 des sujets d'hist. et Allég. sacrées). 2 pièces. Très-belles ép. 🖎.

1100 — La Fille d'Hérodiade présentant la tête de saint Jean à sa mère (B. 41 du N. T.). La Continence de Scipion (B. 17 des sujets d'hist. et Allég.). 2 pièces. Très-belles ép.

1101 — Retour de chasse (B. 26 des sujets de la fable). Très-belle ép. avec l'adresse de *G. Hendricx*. — La même estampe.

1102 — Silène ivre (B. 66 des sujets de la fable). Très-belle ép. du premier état, avant l'adresse de F. de Wit, — un Satyre qui presse une grappe de raisin dans une coupe (B. 63 des sujets de la fable). 2 pièces. 🖎.

1103 — La Chasse au Lion (B. 21-1 des diff. suites), Thomyris faisant plonger la tête de Cyrus dans un bassin plein de sang humain, gravé par Pontius (B. 22 des sujets d'hist. et Allég.). 2 pièces.

1104 — Suite de grands paysages (B. 26 des différentes suites). Très-belles ép. Suite de six pièces dont nous n'avons que cinq.

1105 — Les petits Paysages de Rubens. Suite complète de 20 pièces (B. 27 des differentes suites). Très-belles ép.

1106 — 10 pièces doubles de la suite précédente.

1107 — Urbain VIII assis sous un dais et entouré de figures allégoriques, d'après Diepenbecke. Grande estampe gravée en 2 planches, pour une thèse.

1108 — Le Sauveur et différents Saints. 14 pièces. Très-belles ép.

1109 — La Visitation, la Vierge où l'Enfant Jésus tient le globe du monde, l'Enfant Jésus mettant une couronne sur la tête de la Vierge. 4 pièces. Très-belles ép.

1110 **Caukerken.** Le Martyre de saint Liévin (B. 36 des sujets de saints). Superbe ép. avant l'adresse de G. de Hollander. 🖎.

1111 — La même estampe. Belle ép., même état.

1112 Clouwet (Pierre). Conversation entre plusieurs amants; on remarque, à droite, Rubens et sa femme (B. 39 des Allégories). Très-belle ép. du premier état, avec les vers en flamand.

1113 — Une Femme seule, debout (B. 51 des Allég.). Superbe ép.

1114 Dalen (C. Van). Les quatre Pères de l'Église (B. 3 de l'Hist. et Allég. sacrées). Très-belle ép.

1115 — La même estampe. Belle ép.

1116 — La Nature embellie par les Grâces (B. 56 des Allég., etc.). Très-belle ép.

1117 Earlom (R.). Sainte Famille. Très-belle ép.

1118 — La Madeleine chez le Pharisien, la mort d'Hippolyte. 2 pièces. Belles ép. avant la lettre.

1119 — Rubens et sa Femme revenant de la chasse, le Fils de Rubens avec sa nourrice, assis près d'une corbeille de fruits. 2 pièces. Très-belles ép.

1120 — Forman (Helena), seconde femme de Rubens, accompagnée d'un page. Très-belle ép. avant la lettre.

1121 Earlom et Hodges. Bacchus ivre soutenu par un Satyre, ép. avant la lettre, Daniel dans la fosse aux lions. Très-belles ép.

1122 Galle (C.). Judith qui coupe la tête à Holopherne, Judith qui met la tête d'Holopherne dans un sac (B. 27 et 28 de l'A. T.), Sénèque debout, seul, et prêt à expirer dans le bain (B. 20 des sujets d'histoire). 3 pièces.

1123 — Jésus-Christ mort sur les genoux de la Vierge (B. 104 du N. T.). Superbe ép.

1124 — Repos en Égypte (B. 24 des sujets de Vierges). Très-belle ép.

1125 — Une Vierge dans une niche, à laquelle des Enfants attachent des guirlandes de fruits (B. 63 des sujets de Vierges). Très-belles ép.

1126 — Les quatre Pères de l'Église (B. 2 des sujets d'hist. et Allég. sacrées). Très-belle ép.

1127 — Vénus allaitant les Amours (B. 44 des sujets de la fable). Très-belle ép.

1128 **Heil** (Léon Van). Danse de seize personnes auprès d'un grand arbre, à l'eau-forte (B. 41 des Allég.). Belle ép.

1129 **Jeghers** (Ch.). Suzanne surprise par les vieillards (B. 36 de l'An. T.). Très-belle ép. avec l'adresse de Rubens.

1130 — La Tentation de Jésus-Christ dans le désert (B. 37 du N. T.), le Couronnement de la Vierge (B. 15 des sujets de Vierges). 2 pièces. Superbes ép.

1131 — Les mêmes estampes, même état.

1132 — L'Enfant Jésus et saint Jean caressant un agneau (B. 40 des sujets de Vierges). Très-belle ép.

1133 — La même estampe.

1134 — Silène ivre, soutenu par un Satyre (B. 67 des sujets de la fable). Belle ép.

1135 — La même estampe.

1136 — Conversation entre plusieurs Amants, où l'on voit Rubens et sa femme debout vers la droite (B. 38 des Allég.) Très-belle ép., rare.

1137 — La même estampe.

1137 bis. **Jode** (P. de). dit le Vieux. Le Couronnement de sainte Catherine (B. 14 des sujets de saintes). Très-belle ép. Collection Lousbergs, 1804.

1138 — Jésus-Christ remettant les clefs à saint Pierre (B. 49 du N. T.). Belle épreuve du premier état, avant grand nombre de travaux faits depuis à la planche; dans la marge inférieure, trois lignes d'inscription et au-dessous l'adresse de P. de Jode, plus une épreuve du second état, avec tous les travaux et la marge du bas coupée. 2 pièces.

1139 — L'Alliance de la Mer et de la Terre (B. 28 des Allégories, etc.). Très-belle ép.

1140 — Les trois Grâces se tenant embrassées (B. 12 des sujets de la fable). Superbe ép. du premier état, avant que l'adresse de M. Vanden Enden ait été effacée.

1141 — Vénus sortant des eaux (B. 42 des sujets de la fable). Très-belle ép. portant au verso la signature de P. Mariette, 1674. Collection Lousbergs.

1142 **Jode** (P. de), le Jeune. La Visitation (B. 4 du N. T.). Superbe ép. du premier état, avant toute adresse.

1143 — La même estampe. Belle ép. du même état.

1144 **Kessel** (Van). La Chasse au Sanglier de Calédonie (B. 21-10 des diff. suites). Superbe ép.

1145 **Lasne (Michel)**. La Vierge et l'Enfant Jésus qui est appuyé sur un berceau (B. 32 des sujets de Vierges). Superbe ép. du premier état, avec l'adresse de Quellinius et avant divers travaux, not. entre les sourcils de la Vierge.

1146 — La même estampe, ép. avec les travaux ajoutés, mais avec l'adresse de Quellinius; plus une ép. avec l'adresse de P. de Jode. 2 pièces.

1147 — Sainte Famille (B. 53 des sujets de Vierges), saint François de Paule recevant l'Enfant Jésus des mains de la sainte Vierge (B. 19 des sujets de saints). 2 pièces. Superbes ép.

1148 **Lauwers** (C.). Élie, auquel un ange apporte la subsistance dans le désert (B. 26 de l'A. T.). Superbe ép.

1149 — L'Adoration des Mages (B. 19 du N. T.). Superbe ép.

1150 — Ecce Homo, ou Jésus-Christ devant Pilate (B. 74 du N. T.). Superbe ép.

1151 — La même estampe, belle ép., plus une ép. du second état avec le nom de Bolswert. 2 pièces.

1152 — Triomphe de la nouvelle Loi (B. 7 des sujets d'hist. et Allég. sacrées). Très-belle ép.

1153 **Lempereur** (L.). Le Jardin d'Amour, d'après Rubens, le Festin espagnol, d'après P. Stevens. 2 pièces faisant pendant.

1154 **Leuw** (W. de). Loth enivré par ses filles (B. 4 de l'A. T.). Lē même sujet, composition différente, par W. Swanenburg (B. 5 de l'A. T.). 2 pièces. Très-belles ép.

1155 **Leuw** (W. de) **et Ryckmans.** Chasse au Lion et à la Lionne (B. 21-4 des diff. suites), l'Adoration des Rois (B. 12 du N. T.), le Massacre des Innocents, par Pontius. 3 pièces.

1156 **Lommelin** (A.). L'Adoration des Rois (B. 19 du N. T.)., ép. avant l'adresse d'Huberti; le Triomphe de la Charité, en deux feuilles (B. 9 des sujets d'hist. et allég. sacrées). 2 pièces. Belles ép.

1157 — Le Jugement de Pâris (B. 29 des sujets de la fable). Très-belle ép.

1158 **Marinus.** Résurrection d'un mort et guérison miraculeuse de plusieurs malades par saint François-Xavier; saint Ignace de Loyola guérissant des possédés (B. 16 et 24 des sujets de Saints). 2 pièces faisant pendant. Très-belles ép.

1159 — Fuite en Égypte (B. 26 du N. T.). Très-belle ép.

1160 **Matham.** Samson dormant sur les genoux de Dalila (B. 29 de l'A. T.). Très-belle ép.

1161 **Neefs** (J.). Un Christ qui recommande saint Jean à la Vierge (B. 96 du N. T.), le Martyre de saint Thomas (B. 48 des sujets de Saints). 2 pièces. Très-belles ép.

1162 — **Orley** (R. Van). Chute des Réprouvés (B. 125 du N. T.). Superbe ép.

1163 — Bacchus ivre (B. 59 des sujets de la fable). Très-belle ép.

1164 **Pannels** (G.). Son OEuvre d'après Rubens, en 13 pièces. Très-belles ép.

1165 **Pilsen.** La Conversion de saint Bavon, comte de Hasbaye (B. 7 des sujets de Saints). 2 ép. très-belles.

1166 **Pontius** (Paul). Suzanne surprise par les Vieillards (B. 34 de l'A. T.). Superbe ép.

1167 — La même estampe. Très-belle.

1168 — La Nativité (B. 10 du N. T.). Superbe ép. avant la lettre. Rare. D.

1169 — Le Massacre des Innocents, en deux feuilles (B. 32 du N. T.). Très-belle ép. D.

1170 — Présentation au Temple (B. 34 du N. T.). Belle ép.

1171 — Le Portement de croix (B. 75 du N. T.). Superbe ép. D.

1172 — La Flagellation (B. 78 du N. T.). Très-belle ép.

1173 — Le Christ au Coup de poing (B. 89 du N. T.). Très-belle ép.

1174 — La Descente du Saint-Esprit sur la Vierge et les Apôtres (B. 119 du N. T.). Superbe ép.

1175 — Assomption de la Vierge (B. 9 des sujets de Vierges). Très-belle ép.

1176 — Saint Roch intercédant pour les pestiférés (B. 44 des sujets de Saints). Très-belle ép.

1177 — Le tableau de la Chapelle où est le tombeau de Rubens (B. 17 des sujets d'histoire). Très-belle ép. avant toutes lettres et avant beaucoup de travaux. Très-rare. D.

1178 — La même estampe. Superbe ép. avant le titre : *Laudate Dominum*, etc.

1179 — La même estampe avec le titre.

1180 — Dessus de Thèse, Thèse de Philosophie (B. 65 et 66 des sujets d'Allég., etc.). 2 pièces. Belles ép.

1181 — Isabelle-Claire-Eugénie en habit de religieuse (B. 7 des Portraits). Très-belle ép.

1182 — Philippe IV, roi d'Espagne (B. 16 des Portraits). Très-belle ép. avant l'adresse de G. Hendricx.

1183 **Popels** (J.). Triomphe de Bacchus (B. 61 des sujets de la fable). Très-belle ép.

1184 **Schmutzer.** Saint Ambroise et Théodose le Grand. Très-belle ép. avant la lettre.

1185 — Saint Ambroise et Théodose le Grand, Mutius Scevola. 2 pièces faisant pendant.

1186 **Snyers** (H.). Une Vierge assise sur le haut d'un degré, qu'environnent plusieurs Saints et Saintes (B. 61 des sujets de Vierges). Superbe ép.

1187 — Saint François d'Assise mourant (B. 15 des sujets de Saints). Superbe ép.

1188 — Les Pères et Docteurs de l'Église agitant la question de la Transsubstantiation (B. 21 des sujets d'hist. et allég. sacrées). Magnifique ép.

1189 **Sompel** (Van). Jésus-Christ à table avec les Pèlerins d'Emmaüs (B. 115 et 116, N. T.), Érichtonius dans la corbeille, Ixion trompé par Junon (B. 11 et 18 des sujets de la fable). 4 pièces. Très-belles ép.

1190 **Soutman.** Sennachérib épouvanté du carnage que l'ange exterminateur fait dans son armée (B. 25 de l'A. T.). Superbe ép.

1191 — La Cène (B. 64 des sujets du N. T.). Superbe ép.

1192 — Christ en croix (B. 83, du N. T.), Jésus-Christ au tombeau (B. 107 du N. T.). 2 pièces. Belles ép.

1193 — Chute des Réprouvés (B. 126 du N. T.). Très-belle ép. du premier état.

1194 — La même estampe, même état.

1195 — La Pêche miraculeuse (B. 47 du N. T.), le Sacre d'un Évêque (B. 47 des sujets de Saints), le grand Sultan (B. 34 des sujets d'hist.). 4 pièces. Superbes ép., dont une double.

1196 — Vénus sur les eaux (B. 43 des sujets de la fable), Repos de Diane, par J. Louis (B. 9 des sujets de la fable). 2 pièces. Très-belles ép.

1197 — Silène ivre, soutenu par un Satyre et une Négresse (B. 64 des sujets de la fable). Superbe ép.

1198 — Chasse au Lion et à la Lionne (B. 21-3 des diff. suites). Superbe ép.

1199 — La même estampe. Belle ép.

1200 — Chasse au Loup (B. 21-5 des diff. suites). Très-belle ép.

1201 — Chasse au Sanglier (B. 21-7 des différentes suites). Belle ép.

1202 — Chasse au Sanglier (B. 21-9 des différentes suites). Superbe pièce gravée en deux planches non assemblées.

1203 — Chasse au Crocodile et à l'Hippopotame (B. 21-11 des différentes suites). Superbe ép.

1204 **Stock** (A). Sacrifice d'Abraham (B. 12 de l'A. T.). Très-belle ép. avant le nom de Hondius.

1205 **Suyderhœf** (J.). La Chute des réprouvés (B. 127 des sujets du N. T.). Très-belle ép.

1206 — La même Estampe. Très-belle, mais doublée.

1207 — Bacchanale (B. 54 des sujets de la fable). Superbe ép.

1208 — Bacchus ivre, soutenu par un satyre (B. 58 des sujets de la fable). Superbe ép. avec l'adresse de P. Soutman, qui plus tard a été remplacée par celle de Cl. de Jonghe.

1208 bis. La même Estampe, même état que la précédente, plus une épreuve avec l'adresse de Cl. de Jonghe. 2 pièces.

1209 — Chasse aux Lions et aux Tigres (B. 21-2 des différentes suites). Très-belle ép.

1210 **Visscher** (C.). Le Jugement dernier (B. 124 du N. T.). Très-belle ép. avant l'adresse de Soutman.

1211 — Saint François d'Assise recevant l'Enfant Jésus des mains de la Vierge (B. 13 des sujets de saints). Très-belle ép. du 1er état, avec l'adresse de Soutman.

1212 — Couronnement de la Vierge par deux Anges

(B. 18 des sujets de Vierges). Achille à la cour de Licomède (B. 1 des sujets de la fable). 2 pièces. Très-belles ép.

1213 — Les mêmes Estampes.

1214 **Voet** (A.). Le Martyre de Saint André (B. 2 des sujets de saints). Très-belle ép.

1215 — Un Satyre tenant une corbeille de raisins (B. 62 des sujets de la fable). Charité romaine (B. 37 des Allég., etc.). 2 pièces. Très-belles ép.

1216 — Sénèque debout, prêt à expirer dans le bain (B. 19 des Allég.). Très-belle ép. du 1er état, avec l'adresse du graveur.

1217 — La même Estampe, même état ; plus une ép. avec l'adresse de C. Galle.

1218 **Vorsterman**. La Chute des Anges rebelles (B. 1 de l'A. T.). Superbe ép. du 1er état, avant l'adresse de G. Huberti.

1219 — La même Estampe. Belle ép. du même état, signée P. Mariette, 1657.

1220 — Loth sortant de Sodome (B. 3 de l'Ancien Testament). Très-belle ép.

1221 — La même Estampe. Bonne ép.

1222 — Job tourmenté par sa femme et par les diables (B. 7 des sujets de l'Ancien Testament). — Susanne surprise par les vieillards (B. 33 des sujets de l'A. T.). 2 pièces. Superbes ép.

1223 — Les mêmes Estampes. Belles ép.

1224 — La Nativité (B. 5 du N. T.). L'Adoration des Rois (B. 19 du N. T.). 2 pièces, superbes ép.

1225 — Les mêmes Estampes. Belles ép.

1226 — La Nativité (B. 6 du N. T.). Apparition des Anges aux saintes femmes, au tombeau du Christ (B. 111 du N. T.). Deux pièces, superbes ép.

1227 — L'Adoration des Rois, en deux feuilles collées (B. 22 du N. T.). Superbe ép.

1228 — La même Estampe.

1229 — Retour d'Egypte (B. 30 du N. T.). Très-belle ép.

1230 — Rendez à César, etc. (B. 43 du N. T.). Sainte Famille, où la Vierge est appuyée sur un berceau (B. 48 des sujets de Vierges). Deux pièces. Belles ép.

1231 — La Descente de croix (B. 99 du N. T.). Belle ép. du 1er état, avant l'adresse de C. Van Merlen ; elle est doublée.

1232 — Saint François d'Assise recevant les Stigmates (B. 11 des sujets de saints). Très-belle ép.

1233 — La même Estampe. Belle ép.

1234 — Le Combat des Amazones (B. 1 des sujets d'histoire et Allég.). Superbe ép. d'un estampe en six feuilles non collées.

1235 — Charles de Longueval, comte de Busquoy (B. 61 des portraits). Très-belle ép.

1236 **Witdoue** (J.). Melchisedeck ayant béni du pain et du vin, les présente à Abraham (B. 10 des sujets de l'A. T.). Superbe ép.

1237 — La Nativité (B. 11 du N. T.). Superbe ép.

1238 — Elévation en croix (B. 78 du N. T.). Superbe ép.

1239 — Jésus-Christ à table avec les Pèlerins d'Emmaüs (B. 114 du N. T.). Superbe ép.

1240 — Jésus-Christ au tombeau (B. 106 du N. T.). Superbe ép.

1241 — Assomption de la Vierge (B. 8 des sujets de Vierges.). Superbe ép. avant l'adresse de Van Merlen.

1242 — Sainte Famille (B. 50 sujets de Vierges). Sainte Famille (B. 46 sujets de Vierges). Belles ép. avec l'adresse de J. Mœrmans ; plus la Vierge tenant l'enfant Jesus entre ses bras. (B. 29 sujets de Vierges). Ép. du 1er état avant que les angles ne soient chargés de tailles. 3 pièces.

1243 — L'Adoration des Rois (B. 18 du N. T.). Saint Ildefonse recevant une chasuble des mains de la

Sainte Vierge (B. 31 des sujets de saints). 2 pièces, superbes ép.

1244 — Saint Juste décollé, et tenant sa tête entre ses mains (B. 35 des sujets de saints). Belle ép. avant l'adresse de Wyngaerde.

1245 — La même Estampe ; même état.

1246 — Sainte Cécile touchant du clavecin (B. 24 des sujets de saintes.). Très-belle ép. avec le nom et l'adresse de Witdouc ; plus une ép. avec l'adresse de G. Hendrix. 2 pièces.

1247 **Wyngaerde** (F. Vanden). Apparition de Jésus-Christ à la Madeleine (B. 112 du N. T.). Très-belle ép.

1248 — Les Noces de Thétis et de Pélée, Bacchanale (B. 44-53 des sujets de la fable.). 2 pièces. Très-belles ép.

1249 — Des Soldats faisant tapage (B. 63 des Allég., etc.). Très-belle ép.

1260 — La même Estampe.

1261 **Natier et autres.** La Galerie de Medicis, exemplaire incomplet. 22 pièces.

1262 — Méléagre qui présente la hure du sanglier à Atalante ; l'Abondance, Suzanne et les Vieillards, Trophée à la gloire et Constantin, etc. 5 pièces par Vorsterman, Tardieu, Van Kessel, J. Meyssens, etc.

1263 — Jésus-Christ sortant du tombeau, — Jésus-Christ donnant les clefs à saint Piere (B. 53 et 109 N. T.),— La Vierge qui fait distiller du lait, etc. (B. 26 sujets de Vierges), — Le Tableau de la chapelle où est le tombeau de Rubens (B. 17 des sujets d'histoire et allégories.) 4 pièces par Eynouedts, Lpruyt, etc.

1264 **Sadeler** (R.). Loth et ses Filles, d'ap. Wingh. Très-belle ép.

1265 — Les Arts protégés par Minerve, d'ap. B. Spranger. Très-belle ép.

1266 — Repas de Gentilshommes et de dames, — Le Festin des dieux. Deux pièces d'ap. Th. Bernard. Très-belles ép.

1267 — Les mêmes Estampes.

1267 (bis) — Trois pièces, sujets allégoriques. Très-belles ép.

1268 — Allégorie sur la mort de l'épouse de Spranger, d'ap. lui-même. Sup. ép.

1569 — La même Estampe.

1270 — Charles de Longueval, comte de Buquoy, — Sigismond Bathori, prince de Transilvanie. Trois portraits dont un double. Très-belles ép.

1271 **Sadeler et Matham**. La Vierge au milieu d'un paysage, d'ap. Durer, — La Madeleine en prière, d'ap. Goltzius. Deux pièces.

1272 **Saenredam** (J.). Pièce emblématique sur l'état florissant des Provinces-Unies en 1602 (B. 10). Très-belle ép.

1273 — Le comte Ernest de Nassau et une infinité de peuple arrivant sur les côtes de Benervic pour y considérer une énorme baleine qui vient d'y échouer 1681 (B. 11). Très-belle ép.

1274 — Les Anges annonçant aux bergers la naissance de Jésus-Christ, d'ap. A. Bloemaert (B. 24). Très-belle ép.

1275 — Adam et Ève, d'ap. C. Cornelis (B. 35), — Vertumne et Pomone, d'ap. C. Cornelis (B. 38), — Suzanne au bain, d'ap. Goltzius (B. 42). Trois pièces, très-belles ép.

1276 — Loth et ses Filles, d'ap. Goltzius (B. 11). Diane ordonnant à ses nymphes de dépouiller Calisto qui tâche en vain de cacher sa grossesse, d'ap. Goltzius. (B. 52). Deux pièces très-belles ép.

1277 — Les Filles d'Israël chantant les louanges de David

qui revient victorieux du géant Goliath, d'ap. L. de
Leyde (B. 109). Très-belle ép.

1278 **Saillier** (L.). Forman (Helena), seconde femme de
Rubens, d'ap. Van Dyck. Très-belle ép.

1279 **Sart** (Corneille Du). La Ventouse (B. 12). — Le Violon
assis (B. 15), — La Fête de village (B. 16. Quatre
pièces, anciennes ép., la dernière est double.

1280 **Schmidt** (G. F.). Analdt Bernbourg (Christ-Auguste
d'), d'ap. Ant. Pesne. Très-belle ép.

1281 — Arnin (G. Dietlot), ministre du roi de Prusse, d'ap.
A. Pesne. Sup. ép.

1282 — Bernouilli (F.), d'ap. Rubens. — Le Chambrier (F.),
d'ap. Rigaud, — Prevost (A. F.). Trois pièces,
belles ép.

1283 — Esterhasy (Nicolas), ambassadeur d'Autriche, d'ap.
L. Tocqué. Très-belle ép.

1284 — Evreux (L. de La Tour d'Auvergne, comte d'),
d'ap. Rigaud. Très-belle ép.

1285 — Grapendorf (Louise Albertine de Brandt, baronne
de), d'ap. N. Lesueur. Très-belle ép.

1286 — La Marche (Monseigneur le comte de) depuis duc
d'Orléans, d'ap. P. de Lorme. Belle ép.

1287 — Mignard (Pierre), premier peintre du roi, d'ap.
Rigaud; — Philipp V, roi d'Espagne, d'ap. Vanloo.
Deux pièces belles ép.

1288 — Oertel (F. B.). Sup. ép.

1289 — Pesne (Antoine), d'ap. lui-même, — Rousseau
(Jean-Baptiste), d'ap. Aved. Deux pièces, très-
belles ép.

1290 — Rasoumonssky (Cyrille, comte de), maréchal de
l'empire de Russie, d'ap. Tocqué. Très-belle ép.

1291 — Saint-Albin, archevêque d'Auxerre, d'ap. Rigaud,
— Caylus, évêque d'Auxerre, d'ap. Fontaine. Trois
pièces très-belles ép., dont une double.

1292 — Silva (Jean-Baptiste), d'ap. Rigaud. Très-belle ép.

1293 — Voguel (Henri), riche négociant de Londres, d'ap. A. Pesne. Très-belle ép.

1294 — Woronzow (Michel de), chancelier de Russie, d'ap. L. Tocqué. Très-belle ép.

1295 — Loth avec ses Filles, d'ap. Rembrandt. Très-belle ép.

1296 — Jésus-Christ présenté au peuple, d'ap. Rembrandt, — Saint Pierre après le reniement de son maître, d'ap. Rembrandt. Deux pièces, belles ép.

1297 — La Présentation au temple, — Agar présentée à Abraham, d'ap. Dietricy, — Jésus résuscitant la fille de Jaïre, d'ap. Rembrandt. Trois pièces, sup. ép.

1298 — Buste d'un homme de moyen-âge, d'ap. Flinck, Portrait de Joas Elier Dinglinger, d'ap. A. Pesne. Deux pièces, belles ép.

1200 Le Portrait d'un jeune seigneur, d'ap. Rembrandt. Très-belle ép.

1300 — Jeune femme avec des perles dans les cheveux, d'ap. Rembrandt, — Jeune fille dans un ovale, d'ap. Flinck. Deux pièces, très-belles ép.

1301 — La Fiancée juive, d'ap. Rembrandt. Sup. ép.

1302 — Buste d'un jeune homme d'ap. Rembrandt, — Portrait de Mme Schmidt en couseuse, — Buste de Mme Schmidt. Trois pièces, belles ép.

1303 — La Tête d'un vieillard, — Buste d'un Oriental, — Buste d'un vieux guerrier, — Buste d'une vieille femme, d'ap. Rembrandt. Quatre pièces, belles ép.

1004 — Un Vieillard habillé en persan, d'ap. Rembrandt, — Buste d'un vieillard, d'ap. Flinck. Deux pièces, très-belles ép.

1305 — Une Vieille Femme, dite la Pouilleuse, d'ap. Rembrandt. Le Patriarche Jacob, d'ap. Rembrandt.

Les Enfants vendangeurs, d'ap. Flamand, etc. Six pièces. Belles ép.

1306 — Portrait de Rembrandt jeune, d'ap. Rembrandt. Très-belle ép.

1307 — La Mère de Rembrandt. Le Portrait de Rembrandt. Deux pièces. Très-belles ép.

1308 — Le Prince de Gueldre menaçant son père, d'ap. Rembrandt. Très-belle ép.

1309 — La même estampe.

1310 — Le Prince d'Orange, à qui Cats explique un trait de l'histoire de ses ancêtres, d'ap. G. Flinck. Superbe ép.

1311 — Portrait de Schmidt dessinant. Portrait de madame Schmidt. Deux pièces. Belles ép.

1312 — Portrait de la Princesse d'Orange, d'ap. Rembrandt. Superbe ép.

1313 — Le Juif Hirsch Michel. Buste d'un Homme à tête nue, d'ap. Rembrandt. Buste d'un Vieillard à moustaches, d'ap. Rembrandt. Trois pièces. Très-belles ép.

1314 — Les Deux Fumeurs, d'ap. Ostade. Magnifique ép.

1315 — La même estampe. Très-belle ép.

1316 **Schultze** et **Wille**. Joseph II, d'ap. Kemly. Frédéric II, roi de Prusse, d'ap. Pesne. Trois portraits, dont un double. Très-belles ép.

1317 **Schuppen** (P. Van). Alexandre VII, Souverain Pontife, d'ap. Mignard. Mercier (Pierre), d'ap. Le Maire. Teissier (Eustache), d'ap. Bouys. Trois pièces. Belles ép.

1318 — Bignon (Th.), d'ap. de Troy. Caumartin (F. Lefèvre de), d'ap. de Troy. 2 pièces.

1319 — Louis (Dauphin de France), d'ap. F. de Troy. Très-belle ép.

1320 — La même estampe. Belle ép.

1321 — Louvois (Fr. Michel Le Tellier, marquis de), d'ap. C. Lefebvre. Très-belle ép.

1322 — François Vilani, cardinal, d'ap. Le François. Superbe ép. avec le nom du peintre, plus une ép. où le nom du peintre est effacé. Deux pièces.

1323 **Schut** (C.) Saint Laurent. Saint Sébastien. La Mise au tombeau. La Résurrection. La Vierge couronnée. La Vierge et l'Enfant Jésus. Six pièces. Belles ép.

1324 **Silvestre** (Israël). Vues de France. 57 pièces.

1325 — Vues d'Italie. 113 pièces.

1326 **Simonneau**. Orléans (E.-Ch., Palatine du Rhin, duchesse d'), d'ap. Rigaud. Très-belle ép.

1327 **Smith**. Les Amours des Dieux, d'ap. Titien. Neuf pièces. Belles ép.

1328 — Portraits de Femmes, d'ap. Kneller. 16 pièces.

1329 **Snyers** (H.). Samson surpris chez Dalila et lié par les Philistins, d'ap. Van Dyck. Très-belle ép.

1330 — La Sainte Vierge ayant l'Enfant Jésus sur ses genoux, d'ap. Van-Dyck. Très-belle ép. du premier état, avec l'adresse de A. Diepenbecke.

1331 **Sompel** (Van). Les Princes et Princesses de Nassau, d'ap. Soutman. 15 pièces. Très-belles ép.

1332 — Les Princes de Bohême et de Hongrie, d'ap. Soutman. 16 pièces. Très-belles ép.

1333 **Soutman**. Jésus saisi par les Juifs, d'ap. Van Dyck. Très-belle ép.

1334 — Jupiter et Antiope, d'ap. Van Dyck. Très-belle ép., plus une ép. imprimée avec un cache-lettres. Deux pièces.

1335 — Judacus Catzius, missionnaire. Superbe ép,

1336 **Stent** (P). Portrait du prince Rupert, d'ap. Van Dyck. Très-belle ép.

1337 **Stoop**. Différents chevaux (B. 1 à 12). Belles ép.

1338 **Strange** (R.). Agar renvoyée par Abraham. Esther devant Assuérus. Deux pièces, d'ap. Guerchin. Belles ép.

1339 — Le Sommeil de l'Enfant Jésus. — Sainte Cécile.
Deux pièces, d'ap. C. Maratte. Belles ép.

1340 — L'Enfant Jésus dormant, d'ap. Van Dyck. Très-
belle ép. avant la lettre.

1341 — Saint Jean tressant une couronne d'épines, d'ap.
Murillo. Très-belle ép.

1342 — Saint Jérôme et la Madeleine aux pieds de la
Vierge, d'ad. Corrége. Très-belle ép.

1343 — Le Premier des Devoirs, d'ap. Schidoni. Sainte
Madeleine, d'ap. Le Corrége. Deux pièces. Belles ép.

1344 — Prémices d'Amour. L'Amour endormi. Deux
pièces, d'ap. Le Guide. Belles ép.

1345 — La Libéralité et la Modestie, d'ap. Le Guide.
Apollon récompensant le Mérite et punissant l'Or-
gueil, d'ap. Sacchi. 2 pièces. Belles ép.

1346 — Sainte Madeleine, d'ap. Le Guide. Cléopâtre, d'ap.
Le Guide. 2 pièces. Belles ép.

1347 — La Justice et la Douceur, d'ap. Raphaël. 2 pièces.
Plus la Justice, gravée par Volpato.

1348 — Vénus bandant les yeux de l'Amour, d'ap. Titien.
Très-belle ép.

1349 — Vénus et Danaé, d'ap. Titien. 2 pièces. Belles ép.

1350 — Cléopâtre debout. La Fortune. 2 pièces, d'ap. Le
Guide. Belles ép.

1351 — Vénus et Adonis, d'ap. Titien. Mort de Didon,
d'ap. Guerchin. Chasteté de Joseph, d'ap. Le Guide.
3 pièces. Belles ép.

1352 — Sapho, d'ap. C. Dolci. La Maîtresse du Parmesan,
d'ap. F. Mazzuoli. Cupidon. 3 pièces. Belles ép.

1353 — La Toilette de Vénus, d'ap. Guido-Reni. Romulus
et Rémus sur le bord du Tibre. 2 pièces. Belles ép.

1354 — Le Jugement d'Hercule, d'ap. N. Poussin. —
César répudiant Pompeïa, d'ap. P. de Cortone.
2 pièces. Belles ép.

1355 — Laomedon, roi de Troie, découvert par Neptune

et Apollon, d'ap. S. Rosa. L'Amour, d'ap. C. Vanloo.
Bélisaire, d'ap. Salvator Rosa. 3 pièces.

1356 — Romulus et Rémus sur le bord du Tibre, d'ap.
P. de Cortone. Jésus apparaissant à la Madeleine,
d'ap. Guérchin. 2 pièces. Très-belles ép.

1357 — Les Enfants de Charles Ier, d'ap. Van Dyck. Belle
ép.

1358 — Apothéose d'Octave et Alfred, princes d'Angleterre, d'ap. West. L'Annonciation, d'ap. Le Guide.
2 pièces. Très-belles ép.

1359 **Suyderhoef** (J.). Albert, archiduc d'Autriche, et
Isabelle-Claire-Eugénie en grand costume. 2 portraits. Très-belles ép. avant les n[os].

1360 — Conradus Victor Van Aken, d'ap. F. Hals. Superbe
ép.

1361 — Samuel Ampsing, d'ap. F. Hals. Très-belle ép. du
deuxième état, avec l'adresse de Banheyniugh.

1362 — Adrianus Buckerts, d'ap. J. de Vos. Très-belle ép.

1363 — Le même portrait. Très-belle ép.

1364 — Joannes Bunuis, d'ap. Van Uliet. Très-belle ép.

1366 — Charles Ier, roi d'Angleterre, et Henriette-Marie de
France. 2 portraits. Très-belles ép. avant les n[os].

1367 — Charles V et Philippe II, rois d'Espagne. Superbes
ép. avant les n[os].

1368 — Les mêmes portraits, même état.

1369 — Gillis de Clarges, d'ap. Mirevelt. Superbe ép. du
premier état, avec l'adresse de M. Segerman.

1370 — Le même portrait, même état.

1371 — Johannes Claubérgius, d'ap. Pfeffer. Très-belle
ép. du premier état.

1372 — Le même portrait, même état.

1373 — Johann Coccejus, d'ap. J.-D. Vos. Superbe ép. du
premier état avec l'adresse de Banheynningh.

1374 — Ludovicus de Dieu, d'ap. Dubordieu. Très-belle
ép. du premier état.

1375 — Renatus Descartes, d'ap. F. Hals. Très-belle ép.
du premier état, avec l'adresse de P. Groos.

1376 — Le même portrait. Ép. avec l'adresse de
C. Allard.

1377 — Henri Goltzius. Très-belle ép. du premier état,
avec l'adresse de Soutman.

1378 — Rudolph Heggu, d'ap. J.-D. Vos. Superbe ép. du
premier état, avec l'adresse de Banheyningh.

1379 — Le même portrait. Belle ép. du troisième état.

1380 — Daniel Heinsius, d'ap. Merck. Très-belle ép. du
deuxième état.

1381 — Le même portrait, même état que le précédent.

1382 — Abraham Heydan, d'ap. Schooten. Superbe ép. du
premier état, avec l'adresse de Banheyningh.

1383 — Le même portrait, même état.

1384 — Jacob Hollebeeck. Très-belle ép.

1385 — Johannes Hoornbeeck. Superbe ép. du premier
état, avant le mot : Ætatis, etc, vers le milieu du
haut.

1386 — Le même portrait. Très-belle ép. du même état
que la précédente.

1387 — Johann Polyander van den Kercklove, d'ap. Beau-
drigeen. Très-belle ép. du premier état avec l'adresse
de Lauwick.

1388 — Albert Kyper. Superbe ép. du premier état avec
l'adresse de C. Banheyning.

1389 — Jean de la Chambre, d'ap. F. Hals. Très-belle ép.

1390 — Constantin (l'Empereur), d'après Baudrigeen.
Très-belle ép. du deuxième état.

1391 — Le même portrait, même état.

1392 — Georges-Christophe Liber, baron de Huslang.
Très-belle ép. avec marge. Cabinet Debois.

1393 — Maximilien, archiduc d'Autriche, d'ap. Rubens.
Superbe ép. avant le n°.

1394 — Le même portrait. Très-belle ép. avant le n°.

1395 — François de Moncada et Jean, comte de Nassau.
2 portraits. Très-belles ép. avant le n°.

1396 — David Nuyts. Superbe ép.

1397 — Le même portrait. Belle ép.

1398 — Philippe Ier et Philippe III, rois d'Espagne. 2 portraits. Très-belles ép. avant le n°.

1399 — Philippe IV, roi d'Espagne, et Élisabeth de Bourbon. Deux portraits. Très-belles ép. avant le n°.

1400 — Les mêmes portraits. Ép. avec le n°.

1401 — Franciscus Plante, d'ap. Santvoort. Très-belle ép.

1402 — Le même portrait. Belle ép.

1403 — Andreas Rivet, d'ap. Dubordieu. Superbe ép. du
1er état avant l'adresse de Banheyningh,

1404 — Marcus Zuerieu Boxhorn; d'ap. Dubordieu. Très-
belle ép. du 1er état avec l'adresse de J. Sauwyck.

1405 — Theodor Schrevel, épreuve du 1er état avant
l'adresse. Jacob Crucius. Deux portraits. Belles ép.

1406 — Anna-Maria Schurman, d'ap. Livens. Très-belle
ép. du 1er état avec l'adresse de C. Banheyningh.

1407 — Le même portrait. Même état.

1408 — Eléazar Swalm, d'ap. F. Hals. Très-belle ép.

1409 — Godard Van Rede, Peter Winsemius. Deux portraits. Très-belles ép.

1410 — Jacobus Revius, d'ap. F. Hals. Très-belle ép.

1411 — Andreas Rivet, Adrian Hurebord. Deux portraits,
d'ap. Dubordieu. Très-belles ép.

1412 — Les mêmes portraits. Très-belles ép.

1413 — Claudius Salmasia, d'ap. Van Negre. Très-
belle ép.

1414 — Le même portrait.

1415 — N. Smaltius, chirurgien et opérateur de la ville
de Harlem. Très-belle ép.

1416 — Fridericus Spanhenius, d'ap. Dubordieu. Très-
belle ép. du 1er état, avec l'adresse de Banheyningh.

1417 — Le même portrait, même état.

1418 — Eléazar Swalmius, d'ap. Rembrandt. Superbe ép. du 1er état, avec l'adresse de P. Gros.

1419 — Le même portrait, même état.

1420 — Tegularius, d'ap. F. Hals. Superbe ép.

1421 — Cornelius Triglandius, d'ap. Mytens. Superbe ép.

1422 — Wikenburg. Très-belle épreuve du 1er état avant les noms des maîtres.

1423 — La Paix de Munster, d'ap. Terburg. Les quatre Bourgmestres d'Amsterdam, d'ap. T. Keyser. Deux pièces. Bonnes ép.

1424 — Fumeurs assis devant un Cabaret, d'ap. Ostade. Pièce connue sous le nom du manche à balai. Très-belle ép. du 2e état avant l'adresse de Clément de Jonghe. — La même estampe.

1425 — Paysan debout, un pot à la main, invite une Paysanne, assise à table, à boire un verre de liqueur, d'ap. Ostade. Très-belle ép., avec l'adresse de Clément de Jonghe. — La même Estampe, avec l'adresse effacée.

1426 — Les trois Commères, d'ap. Ostade. Belle ép.

1427 — Le Joueur de Violon, d'ap. Ostade. Très-belle ép. avec l'adresse de Visscher.

1428 — La même estampe.

1429 — Les Joueurs de Trictrac, d'ap. Ostade. Superbe ép., avant l'adresse de Clément de Jonghe. Rare, plus une épreuve avec l'adresse de C. Valck. Deux pièces.

1430 — Intérieur de Tabagie, d'ap. Brouwer. Très-belle ép.

1431 — Fumeurs et Buveurs, d'ap. Ostade. Quatre pièces.

1432 **Suyderhœf** et **Louys**. Ferdinand III, empereur d'Allemagne et Maria d'Autriche. Deux portraits. Superbes ép. avant les numéros.

1433 **Suyderhoef, Louys** et **V. Sompel.** Maximilien Ier, empereur; Philippe Ier, roi, etc., etc. Six
portraits. Très-belles ép.

1434 **Sompel** (P. Van). Ferdinand II et Éléonore d'Autriche. Deux portraits. Très-belles ép. avant les
numéros.

1435 — Gaston d'Orléans et Marguerite de Lorraine. Deux
portraits. Très-belles épreuves.

1436 — Gaston d'Orléans. Superbe ép.

1437 — Isabelle-Claire-Eugénie, infante d'Espagne, en
habit de religieuse. Superbe ép.

1438 **Swanenburg.** Ernest-Casimir, comte de Nassau,
d'ap. Mirevelt. Très-belle ép.

1439 **Tardieu.** La Pérouse (J. F. Galaup de), chef d'es-
cadre des armées navales. Très-belle ép. Rare.

1440 **Téniers** (David). Fête flamande. Les Joueurs de
Boule. Fumeur coiffé d'un chapeau. Singes dans différentes attitudes, etc. Onze pièces. Belles ép.

1441 **Tibaldi** (D.). La Paix (B. 6). Très-belle ép.

1442 **Toschi** (P.). Madonna della Tenda, d'ap. Raphaël.
Belle ép.

1443 — Le comte de Cazes, d'ap. Gerard. Belle ép.

1444 **Uden** (L. Van). Paysages, d'ap. Rubens. Deux pièces.

1445 **Uliet** (J. G.). Loth et ses filles (B. 1). Vieille femme
lisant (B. 18). Saint-Jérôme (B. 14). Trois pièces.
Belles ép.

1446 — Jésus-Christ saisi par les Juifs (B. 6). La Résurrection (B. 10). Deux pièces. Belles ép.

1447 — Saint Jérôme, d'ap. Rembrandt (B. 13). Belle ép.

1448 — Buste d'officier (B. 26). Superbe ép.

1449 — Différents bustes d'hommes, d'ap. Rembrandt.
Quatre pièces.

1450 — Les Métiers. Huit pièces.

1451 **Umbach** (J.). Saintes Familles, Paysages, etc. Neuf
pièces. Belles ép.

1452 **Vaillant** (graveur en manière noire). Portrait d'homme à mi-corps, d'ap. Van Dyck. Très-belle ép.

1453 **Vallée**. Mademoiselle Loison en Vénus, d'ap. de Troy. Très-belle ép.

454 —Portrait de Catherine Marie le Gendre, d'ap. Rigaud. Très-belle ép.

1455 **Vangelisti**. Vergennes (Charles Gravier, comte de), d'ap. Callet. Très-belle ép.

1456 **Van Loo** (C.). La Musique. La Sculpture. La Peinture. L'Architecture. Quatre pièces très-belles ép., par Fessard.

1457 — Deux épreuves doubles de la suite précédente.

1458 **Vermeulen**. Aguilles (J. B. Boyer Seigneur d'). Brunenc (J. de). Deux pièces d'ap. Rigaud. Très-belles ép.

1459 — Bardo Bardi, d'ap. Largillière; Noailles (L. A. de), d'ap. Largillière ; Mezetin, d'ap. de Troy; Borcht (D. N. Vander), d'ap. Van Dyck. Cinq pièces dont une double.

1460 —Bertin (P. V.), d'ap. Largillière; Borcht (N. Vander), d'ap. Van Dyck. Trois portraits dont un double, très-belles ép.

1461 — Philippe V, roi d'Espagne, d'ap. Vivien. Très-belle ép.

1462 — Revel (Ch. A. de Broglie, comte de), d'ap. Rigaud. Très-belle ép.

1463 **Vermeulen** et **Pitau**. Rœttiers (Joseph), graveur; Bourdaloue (Claudius de). Deux pièces, d'ap. Largillière, très-belles ép.

1464 — Maria-Luissa de Tassis, d'ap. Van Dyck. Superbe ép.

1465 **Vico** (Eneas). Les Lapithes combattant contre les Centaures (B. 30). Vulcain et ses Cyclopes forgeant des flèches pour les Amours (B. 31). Une Femme de-

bout (B. 45), copie, etc., etc. Six pièces. Très-belles
ép., une est double.

1466 **Visscher** (C.). Le Départ d'Abraham. Arrivée d'A-
braham à Sichem, d'ap. le Bassan. Deux pièces faisant pendant. Très-belles ép.

1467 — La Mise au tombeau, d'ap. le Titien. Superbe ép.

1468 — Suzanne surprise par les Vieillards, d'ap. le
Guide. Très-belle ép. du 1er état, avant la lettre.

1469 — La Vierge et l'Enfant Jésus, d'ap. Titien. Très-
belle ép. avant la lettre.

1480 — La Sainte Famille, d'ap. P. Vecchio. Très-belle
ép. avant la lettre.

1481 — La Sainte Famille, d'ap. Paul Véronèse. Très-
belle ép. avant la lettre.

1482 — Tabagie de deux hommes et d'une femme, d'ap.
Ostade. Très-belle ép.

1483 — Un Homme et une Femme dans une Tabagie, d'ap.
Ostade. Très-belle ép. avant l'adresse de Clément de
Jonghe, plus une ép. avec l'adresse. Deux pièces.

1484 — Buste de femme, d'ap. le Parmesan. Très-belle ép.

1485 — Les Patineurs, d'ap. Ostade. Très-belle ép.

1486 — La même estampe.

1487 — Le Bal dans la grange, d'ap. Berghem. Très-belle
ép. avant la lettre.

1488 — Le Vendeur de mort-aux-rats. La Bohémienne.
Deux pièces. Très-belle ép.

1489 — Les mêmes estampes. Très-belles ép.

1790 — La Fricasseuse ou faiseuse de beignets. Belle ép.

1491 — Le Matin. Le Soir. Deux pièces, d'ap. P. de Laar.
Belles ép.

1492 — Les mêmes estampes.

1493 — Le Four. Le Convoi attaqué. Deux pièces, d'ap.
P. de Laar. Très-belles ép. avant toutes lettres.

1494 — Les mêmes estampes, même état.

1494 — Les Joueurs. Le Matin. Deux pièces, d'ap. de Laar. Très-belles ép.

1495 — Le Maréchal-ferrant. Les Chevaux à l'écurie, d'ap. de Laar. Deux pièces. Très-belles ép.

1496 — L'Antiquaire, d'ap. le corrigé. Superbe ép. du 1er état, avant les inscriptions.

1497 — Le grand Chat accroupi. Très-belle ép.

1498 — Le Chirurgien. Les Chanteurs. Deux pièces, d'ap. Brouwer. Plus la Folie, d'ap. Visscher. Trois pièces.

1499 — Le pape Alexandre VII. Très-belle ép. avant l'adresse de Cl. de Jonghe.

1500 — Le même portrait. Belle ép. avec l'adresse de Cl. de Jonghe.

1501 — Joannes Boclensz. Très-belle ép.

1502 — Gellius Bouma, ministre de l'Evangile à Zupten. Très-belle ép.

1503 — Le même portrait.

1504 — Lieven Van Coppenol. Très-belle ép. du 2me état, avant la lettre.

1505 — Le même portrait. Très-belle ép. du 3me état.

1506 — Henriette-Catherine et Marie de Nassau. 2 portraits. Très-belles ép.

1507 — Robert Junius (planche ovale). Superbe ép. du 1er état, avant toute adresse.

1508 — Le même portrait. Très-belle ép. du 2me état, avec l'adresse de P. Groos.

1509 — Robert Junius. Très-belle ép.

1510 — Le même portrait. Très-belle ép.

1511 — Jean Merius, pasteur de Spanbroeck. Très-belle ép.

1512 — Philippe Lovenius, vicaire apostolique. Superbe ép.

1513 — Franciscus Valdesius. Magdalena Moansia. Janus Dousa. Ludovicus Boisotus. Suite de 4 portraits. Superbes ép.

1514 — Vondel. Très-belle ép. avant l'adresse de J. Danckers.

1515 — Cornelius Vosbergius. Très-belle ép.

1516 — Joannes Wachtelaer. Très-belle ép.

1517 — Jacob Westerban. Superbe ép. avant la lettre.

1518 — Le même portrait, même état.

1519 — Le même portrait. Belle ép. avant l'adresse de Cœhoorn.

1520 — Charles-Louis, comte Palatin du Rhin. Amélie de Solms, princesse d'Orange. 2 portraits. Très-belles ép.

1521 — Charles X, Philippe III, Maximilien d'Autriche, etc. 4 pièces.

1522 **Visscher** (J. de). Homme dévidant près d'une Femme qui file, d'ap. Ostade. Très-belle ép.

1523 — Halte de militaires, d'ap. Wouwermans. Très-belle ép.

1524 — Le Bal dans la grange, d'ap. Ostade. Très-belle ép.

1525 — Abraham Vander Hulst, vice-amiral de Hollande. Superbe ép.

1526 **Voet** (A.). La Folie tenant un chat, d'ap. J. Jordaens. Superbe ép. du 1er état, avant l'adresse de Gaspar de Hollander. — La même estampe.

1527 — Les Joueurs de cartes, d'ap. C. de Vos. Très-belle ép.

1528 — Le Portement de croix, d'ap. Van Hœck. Très-belle ep.

1529 **Voerst** (V.). Charles Ier et Henriette de France, sur la même feuille, d'ap. Van-Dyck. Très-belle ép. Rare. — La même estampe. Belle ép.

1530 **Volpato** (J.). La Mise au tombeau, d'ap. Raphaël. Belle ép.

1531 **Vosterman** (L.). La Mise au Tombeau, d'ap. Raphaël. Superbe ép.

1532 — Le Christ mort sur les genoux de la Vierge, d'ap. Van Dyck. Superbe ép.

1534 — La Vierge au Rosaire, d'ap. Michel-Ange de Caravage. Très-belle ép.

1535 — L'Empereur Léopold à genoux aux pieds de la Vierge et de l'Enfant Jésus, d'ap. J. Vanden Hœck. Très-belle ép.

1536 — Saint Georges combattant le dragon, d'ap. Raphaël. Très-belle ép. — La même estampe.

1537 — Saint François en extase devant le Crucifix, d'ap. Vander Goes. Très-belle ép.

1538 — La Madeleine couchée dans le désert, d'ap. G. Seghers. Très-belle ép.

1539 — Le Satyre et le Passant, d'ap. Jordaens. Très-belle ép.

1540 — La Querelle des paysans. Pièce connue sous le nom du Coup de fléau, d'ap. Breughel. Très-belle ép.

1541 — La même estampe. Très-belle ép.

1542 — L'Anier (Nicolas), d'ap. J. Livens. Très-belle ép. sans aucune lettre.

1543 — La même estampe, ép. avec l'adresse de F. Vanden Wyngaerde.

1544 — Bourbon (le Connétable de), d'ap. Titien. Très-belle ép.

1545 — Jérôme de Bran, d'ap. J. Livens. Très-belle ép. du 1er état, avec l'inscription en lettres italiques.

1546 — Le même portrait. Belle ép., avec l'inscription changée et le nom de Livens effacé.

1547 — Charles Ier, roi d'Angleterre. Très-belle ép.

1548 — Le même portrait. Très-belle ép.

1549 — Charles-Quint, d'ap. Titien. Très-belle ép.

1550 — La même estampe. Belle ép.

1551 — Aloys Contarena, chevalier, patricien de Venise. Très-belle ép.

1552 — Howard (Thomas), comte de Norfolk, d'ap. Holbein. Très-belle ép.

1553 Howard (Thomas), comte d'Arondel, d'ap. Van Dyck. Très-belle ép.

1554 — Hugenius (Constantin), d'ap. J. Livens. Très-belle ép. avec l'adresse de Martin Vanden Enden.

1555 — Isabelle d'Este, princesse de Mantoue, d'ap. Titien. Très-belle ép.

1556 — Le même portrait. Belle ép.

1557 — Maximilien, archiduc d'Autriche, d'ap. Rubens. Très-belle ép.

1558 — Le même portrait. Très-belle ép.

1559 — Le Comte Octavio Piccolomineo d'Aragon, d'ap. Segers. Superbe ép. avant les mots : cum privilegio regium au milieu du bas.

1560 — Nicolas Rockhoy, assis, d'ap. Van Dyck. Superbe ép. avant la lettre, dans la marge et sur le buste à gauche, avant les médaillons et avant plusieurs travaux.

1561 — Le même portrait, même état.

1562 — Portrait de Femme, d'ap. Titien. Très-belle ép.

1563 **Vorsterman** et **Schuppen**. Saint Sébastien. Deux compositions différentes, d'ap. Van Dyck. Belles ép.

1564 **Watteau** (A.). L'Amour paisible, par Baron. Très-belle ép.

1565 — L'Amour paisible, par Baron. Le Passe-temps, par Audran. 2 pièces. Très-belles ép.

1566 — Amusements champêtres, par Audran. Très-belle ép.

1567 — Les Champs-Elysées, par Tardieu. Assemblée galante, par Cochin. 2 pièces.

1568 — Lille de Cithère, par Larmessin. Camp Volant, par Cochin. 2 pièces. Très-belle ép.

1569 — Les Comédiens italiens, par Simonneau. Les Comédiens français, par Thomassin. 2 pièces.

1570 — Le Triomphe de Cérès, par Crépy. Très-belle ép.

1571 — Les Plaisirs du bal, par Scotin. Très-belle ép.

1572 — Comédiens français, par J. M. Léotard. Comédiens italiens, par Baron. 2 pièces. Très-belles ép.

1573 — L'Amour au Théâtre-Français, par Cochin. 2 pièces. Très-belles ép.

1574 — L'Embarquement pour Cythère, par Tardieu. Superbe ép.

1575 — Assemblée galante, par le Bas. Très-belle ép.

1576 — Rendez-vous de chasse, par Aubert. Superbe ép.

1577 — Les Médecins, par Joullain. La Gamme d'amour, par le Bas. 2 pièces. Belles ép.

1578 — Récréation italienne, par Aveline. Très-belle ép. avec de la marge.

1579 — Le Plaisir pastoral, par Tardieu. Très-belle ép.

1580 — La Fileuse, par Aubert. Pierrot content. 2 pièces.

1581 — La Contredanse, par Brion. Belle ép.

1582 — Fête au dieu Pan, par Aubert. Très-belle ép.

1583 — L'Automne, par Audran, — L'Hiver, par de Larmessin. Deux pièces, belles ép.

1584 — Les Délassements de la guerre, par Crépy, — Les Fatigues de la guerre, par Scotin, — L'Abreuvoir, par Jacob, — Le Naufrage. Quatre pièces, belles ép.

1585 — Pierrot et Arlequin, par Surugue, — Le Mari jaloux, par Thomassin. Deux pièces, belles ép.

1586 — Escorte d'équipages, par Cars, — Les Charmes de la vie, par Aveline, — L'Occupation selon l'âge, par Dupuis. Trois pièces, belles ép.

1587 — L'Indifférent, par Scotin, — Mezetin, par Audran. Trois pièces, dont une double. Belles ép.

1588 — Pomone, par Boucher. Très-belle ép.

1589 — Le Compteur, par Cochin, — La Solitaire, par Aveline, — La Villageoise, par Aveline. Trois pièces, belles ép.

1590 — Le Repas de campagne, par Deplace, — La Danse paysanne, par Audran. Deux pièces, belles ép.

1591 — La Diseuse d'aventure, par Cars, — Voulez-vous triompher des Belles, etc.; par Thomassin. Deux pièces, belles ép.

1592 — L'orchestre de Village, par Ravenet, — La Diseuse d'aventure, par Cars. Deux pièces, belles ép.

1593 — La Famille, par Aveline. Très-belle ép. avec toute sa marge.

1594 — La même estampe. Sup. ép.

1595 — L'Accord parfait, par Baron, — L'Orchestre de village, par Ravenet. Deux pièces, belles ép.

1596 — La Surprise, par Audran. Très-belle ép.; elle a toute sa marge.

1597 — L'Aventurière, par Audran, — Arlequin et Colombine, par Cochin, — Les Entretiens badins, par Audran, etc., etc. Sept pièces, dont deux doubles. Belles ép.

1598 — Le Concert champêtre, par Audran, — Retour de chasse, par Audran. Deux pièces, belles ép.

1599 — Les Enfants de Sylène, par Dupin. Belle ép.

1600 — Antoine de La Roque, par Lépicié. Belle ép.

1601 — Leçon d'amour, par Dupuis. Très-belle ép.

1602 **Watteau, Terburg, Gillot et Coypel** (d'ap.). Pomone, par Boucher, — Arlequin et Colombine, par Cochin, — La Santé portée, par Chevillet, etc., etc. Six pièces.

1603 **Wille** (J.-G.). Agar présentée à Abraham, d'ap. Dietricy, — La Mort de Marc-Antoine, d'ap. Battoni. Ép. avant la dédicace, plus une ép. avec. En tout trois pièces.

1604 — Repos de la Vierge, d'ap. Dietricy. Très-belle ép.

1605 — Mort de Cléopâtre, d'ap. G. Netscher; Agar présentée à Abraham, d'ap. Vander Werf. Deux pièces, belles ép.; la dernière est avant toutes lettres.

1606 — L'Instruction paternelle, d'ap. Terburg, — Le Concert de famille, d'ap. Schalken. Deux pièces, très-belles ép.

1607 — Les Musiciens ambulants, — Les Offres réciproques. Deux pièces, d'ap. Dietricy. Très-belles ép.

1608 — La Cuisinière hollandaise, d'ap. Metzu, — Gazetière hollandaise, d'ap. Terburg. Deux pièces, belles ép.

1608 bis. — Les mêmes estampes. Belles ép.

1609 — Tricoteuse hollandaise, d'ap. Mieris, — La Liseuse, d'ap. G. Dow. Deux pièces, belles ép.

1610 — La Ménagère hollandaise, d'ap. G. Dow, — Les bons amis, d'ap. Ostade. Deux pièces, belles ép.

1611 — Les mêmes estampes.

1612 — Le petit Physicien, d'ap. Netscher, — La Ménagère hollandaise, d'ap. G. Dow. Deux pièces, belles ép.

1613 — Bonne Femme de Normandie, — Sœur de la bonne Femme de Normandie. Deux pièces, belles ép.

1614 — Petite Ecolière, — Maîtresse d'école, — L'Observateur distrait. Trois pièces.

1615 — Jeune Joueur d'instrument, d'ap. Schalken, — L'Observateur distrait, d'ap. Miéris. Deux pièces, belles ép.

1616 — Charles-Louis-Auguste Fouquet de Belle-Isle, maréchal de France, d'ap. Rigaud; Maurice de Saxe, d'ap. Rigaud. Deux pièces, très-belles ép.

1617 — Les mêmes estampes. Belles ép.

1618 — Charles, prince de Galles, d'ap. Tocqué. Berrier (René-Nicolas), lieutenant de police, d'ap. de Lyen. Deux pièces, très-belles ép.

1619 — Gouy (Elisabeth de), femme de H. Rigaud. Très-belle ép.

1620 — Largillière (Marguerite-Elisabeth de), d'ap. Largillière. Très-belle ép.

1621 — Louis, Dauphin de France, d'ap. Klein; Louis XV, d'ap. Le Moine. Trois pièces, très-belles ép., dont une double.

1622 — Massé (Jean-Baptiste), d'ap. Tocqué. Très-belle ép.

1623 — Neufville (François-Louis-Anne de), d'ap. J. Chevalier. Parrocel (Joseph), d'ap. Rigaud. Deux pièces, très-belles ép.

1624 — Poisson (Abel-François), marquis de Marigny, d'ap. Tocqué. Très-belle ép.

1625 — Parrocel (Joseph), d'ap. Rigaud. Très-belle ép., plus le portrait de Wille, par Muller. Deux pièces.

1626 — Saint-Florentin (L. Phelypeaux, comte de), d'ap. Tocqué. Lowendal (Woldemar de), d'ap. de la Tour. Deux pièces. Belles ép.

1627 **Wierix** (Les). Albert, archiduc d'Autriche. Très-belle ép.

1628 — Charles, duc de Croy et d'Aschot. Très-belle ép.

1629 — Octavius Pisani. Très-belle ép.

1630 — François Boria, troisième général de la compagnie de Jésus. Très-belle ép.

1631 — Albert, archiduc d'Autriche, cardinal. Très-belle ép.

1632 — Evrard Mercurianus, quatrième général de la compagnie de Jésus. Très-belle ép.

1633 — Bellarminus (Robert, cardinal de). Très-belle ép.

1634 — Alvarus Nonius. Très-belle ép.

1635 — P. Bernardinus Realinus, de la Société de Jésus. Très-belle ép.

1636 **Witdoue**. Apparition, pendant la nuit, de saint Nicolas à Constantin-Auguste, d'ap. C. Schut. Très-belle ép. du premier état, avant l'adresse de G. Huberti.

1637 **Woollett**. Céladon et Amelia, sujets de chasse, etc. Cinq pièces, belles ép.

1638 — Niobé, d'ap. R. Wilson, — Phaëton, d'ap. Wilson. Trois pièces, dont une double. Très-belles ép.

1639 — La Pêche, d'ap. Wright, — La Chasse au sanglier, d'ap. Wilson, — Le Pont de pierre, d'ap. Smith. — Trois pièces. Belles ép.

1640 **Zaal**. La Chasse au sanglier, d'ap. Snyders. Belle ép.

1641 — Un volume contenant : les Vices (B. 124, 138), suite de sept pièces, — Dieu défendant à Adam et Ève de manger du fruit de l'arbre de vie (B. 2 et 4), — L'histoire de Loth (B. 14. 17), suite de quatre pièces, — Deux pièces de l'histoire d'Amon et Thamar, — Trois pièces de l'histoire de Suzanne (B. 30. 31 et 32), — La Nativité (B. 39), — Sophonisbe (B. 62), — Le père Sevère (B. 72), etc. Vingt-quatre pièces par Aldegraver. — Les sept Péchés mortels (B. 98. 104), — Deux pièces de l'histoire de Joseph (B. 9. 12). — Trois pièces des sujets de l'histoire romaine en hauteur (B. 74. 77), — Trois pièces des cinq Sens (B. 105. 109), — L'Astrologie (B. 116), etc. Seize pièces, par G. Pentcz. — Adam et Ève (B. 6), — Saint Jérôme (B. 62), — Saint-Jean (B. 58). — Trajan (B. 82), — La Fortune (B. 140), — L'Impossible (B. 145), — La Mort se saisissant d'une femme nue et debout (B. 150), — La Religion chrétienne victorieuse (B. 128), — La Charité (B. 137), — Le Jugement de Pâris (B. 89), — Lucrèce (B. 79), — Treize pièces, par H. S. Beham. — David et Goliath (B. 7), par Claas. — Le maître de la Vigne de l'Evangile. B. t. xiii, n° 1. Maître P. V. L. Quelques pièces par Albert Durer, et Lucas de Leyde, Originaux et Copies. Les portraits de Philippe II, et de Rudolphe II, par Wierix. Les portraits de Henri IV et Louis XIII en prière, et Henri IV à cheval, par L. Gaultier. Les Mois de l'année, par Swelinck. Les cinq Sens, par C. de Passe, etc., etc. En tout, cent soixante-douze pièces. Presque toutes très-belles ép., contenues dans un volume in-8 en ancienne reliure.

LIVRES A FIGURES

1642 — Le Jugement dernier, d'après Michel-Ange, gravé par G. Ghisi en 10 planches contenues dans 1 vol. in-fol., vél.

1643 — Vie de Jésus-Christ. — La Sainte Famille en Égypte. 1 vol., pet. in-fol. cart., contenant 42 gravures par Tiepolo.

1644 — Les Mystères de la Passion, par A. Wierix, d'après M. do Voo. 1 vol. in fol. br.

1645 — L'histoire de Samson, suite de 40 planches par Verdier. 1 vol. in-4° obl., cart.

1646 — Galerie de Florence, 1 vol. in-fol. br., contenant 80 planches et le texte de la Galerie de Florence.

1647 — L'OEuvre de Karel Dujardin en 53 pièces. 1 vol. in-fol., cart.

1648 — Divers Oiseaux dessinés et gravés par N. Robert. 1 vol. in-4°, br.

1649 — L'OEuvre de Gessner en 32 pièces. 1 vol. in-fol., obl.

1650 — Recueil de 12 Lithographies par Valerio. 1 vol. in-fol., d.-rel.

1651 — Fac-simile des dessins de Prout : Vues de Flandre. 1 vol. in-fol., cart. Figures lithographiées.

1652 — Les Monuments artistiques de l'Espagne, par don Gennaro Perez de Villa-Amil. *Paris, Hauser,* 1842-1850; 3 vol. in-fol., d.-rel., fig. lithographiées.

1653 — Le Temple des Muses. *Amsterdam*, 1742. 1 vol. in-fol., d.-rel. v., fig. par B. Picart.

1654 — Pompe funebre du très-pieux et très-puissant prince Albert, archiduc d'Autriche. *Bruxelles*, 1729; 1 vol. in-fol., v. Fig. gravées par Corneille Galle.

1655 — Recueil de 50 planches : Vues de Rome, par Luigi' Rossini. *Rome*, 1818; 1 vol. in-fol., d.-rel. v.

1656 — Tableaux du Temple des Muses, par Michel de Marolles. *Paris*, 1651; 1 vol. in-fol., v.

1656 *bis*. — Recueil de cent Statues contenues dans la Galerie de Florence. *Florence*, 1790; 1 vol. in-fol., br.

1657 — Les Proportions du Corps humain, fig. gravées par G. Audran. *Paris, Joubert*, 1801; 1 vol. in-fol., cart.

1658 — Poissons et Animaux divers, par Callaert; 1 vol. in-8 obl., cart.

1659 — Les Ducs et Princes de Hollande; 1 vol. in-fol., vél. Portr. gravés par Visscher.

1660 — Les Portr. des Personnages illustres de la Cour de Henri VIII, reproduits en fac-simile d'après les dessins d'Holbein de la Collection de Sa Majesté, publiés par *J. Chamberlaine, London*, 1792; 1 vol. in-fol., d.-rel., M. R. fig.

1661 — Marieschi; 1 vol. in-fol., d.-rel. vél. contenant 21 pièces : Vues de Venise.

1662 — Le même ouvrage, br.

1663 — Recueil de 24 Vues de Florence, dédiées à l'archiduchesse Marié-Thérèse, grande-duchesse de Toscane. 1 vol. gr. in-fol. obl., cart.

1664 — Pitture del Salone Imperiale del Palazzo di Firenze. *Florence*, 1751; 1 vol. gr. in-fol., cart.

1665 — Raccolta di Statue Antiche e Moderne data in Luce Sotto i Gloriosi Auspici della Santita di N. S. Papa Clemente XI. *Roma*, 1704; 1 vol. in-fol., br.

1666 — Ludovici Nonni Commentarius in numismata Imp. Juli Augusti et Tiberi. *Anvers*, 1620; 1 vol. pet. in-fol., v.

1667 — Ulisse all' isola di Circe dramma Musicale, dédié à Philippe d'Espagne et Maria-Anna d'Autriche. *Bruxelles*, 1650; 1 vol. petit in-fol., v.

1668 — Le Antiche Lucerne Sepolcrali figurate. *Roma*, 1729; 1 vol. in-fol., cart.

1669 — Antiquarum Statuarum Urbis Romæ. *Romæ*, 1583; 1 vol. in-4°, v.

1670 — Museum Cortanense. *Romæ*, 1750; 1 vol. in-fol., cart.

1671 — Anacréon : Recueil de compositions dessinées par Girodet. *Paris*, 1845; 1 vol. in-4°, cart.

1672 — Bavaria Sancta, Maximiliani Sereniss. Principis Imperii comitis Palatini Rheni Utriusq. Bav. Ducis Auspiciis; 1 vol. contenant 100 planches, par Sadeler.

1673 — Les Antiquités d'Albano, par Piranesi; 1 vol. in-fol., cart.

1674 — Michaelis Angeli Causei de la Chausse Parisini Romanum Museum sive Thesaurus erudite antiquitatis. *Romæ*, 1707; 1 vol. in-fol., v.

1675 — Memorie degli Antichi incisori che Scolpirani i Lara nomi in Gemme et Camma, par D. A. Bracci. *Firenze*, 1784. 2 vol. in-fol., br.

1676 — Admiranda Romanorum Antiquitatum ac Veteris Sculpturæ Vestigia, anaglyptica opera elaborata. vol. in-fol., ornés de fig. gravées par Bartolus. Cart.

1677 — Afbeelding Vant Stadt huys Van Amsterdam in dartigh Coopere Plaaten goordenoort door Jacob van Campen. *Amsterdam*, 1661; 1 vol. in-fol., d.-rel. v., fig.

1678 — Ædium farnesicarum Tabulæ, ab A. Caraccia depictæ, a Carolo Cæsia ceri insculptae atque o Lucio

Philarchæo explicationibus illustratæ. *Romæ*, 1753; 1 vol. in-fol., vél., fig,

1679 — Ruins of the Palace of the emperor Diocletian at Bpalatra in Dalmatia. By R. Adam F. R. S. F. S. a Architect to the king and to the queen. Printed for the *Author*, 1764; 1 vol. in-fol., v., fig. gravées par Bartolozzi.

1680 — Dissertation sur les statues appartenantes à la fable de Niobé. *Florence*, 1779; 1 vol. in-fol., v., fig.

1681 — L'Épée de Girard Thiburti d'Anvers où se demonstrent par reigles mathématiques sur le fondement d'un cercle mystérieux, la Théorie pratique du maniement des armes à pied et à cheval. 1626; 1 vol. in-fol., v., fig.

1682 — Galeria Giustiniana del Marchese Vincenzo Giustiniani. 2 vol. in-fol., v., fig.

1683 — Le même ouvrage relié en un seul vol., v.

1684 — Scholta Italica Picturæ sive Selectæ quædam summorum e Schola italica Pictorum tabulae ære incisæ-cura et impensis Gavini Hamilton pictoris. *Rome.* 1 vol. in-fol., v., fig.

1685 — Nuova Raccolta delli più belli Pezzi di antichità del Museo pià Clementinà. *Rome,* 1790; 1 vol. in-fol. cart.

1686 — Delle antiche Statue Greche e Romane. *Venise,* 1743; 2 vol. in-fol. cart.

1687 — Recueil des marbres antiques qui se trouvent dans la galerie du roi de Pologne, à Dresde. *Dresde,* 1733; 1 vol. in-fol. cart., fig.

1688 — Monumenti scelti della villa Pinciana. 1 vol. in-fol. cart., fig.

1689 — Vedute delle ville, e d'altri Lugghi della Toscana. 1 vol. in-fol. cart., fig. d'après Zocchi.

1690 — Opera selectiora quæ Titianus Vecellius Cadu-
briensis et Paulus Calliari Veronensis inventarunt
ac pinxerunt quæque Valentinus Lefebre Bruxellensis
delineavit et sculpsit. 1582; 1 vol. in-fol. cart., fig.

1691 — Museum florentinum exhibens insigniora vetus-
tatis monumenta quæ Florentiæ sunt Joanni Gastoni
Etruriæ magno duci dedicatum. *Florence;* 3 vol. in-
fol., vél., fig.

1692 — Recueil de 50 vues de Rome, par Luigi Rossini.
Roma, 1818; 1 vol. in-fol. obl., br.

1693 — Recueil contenant 25 planches bas-relief, dédié à
Colbert, et gravé par Stella. 1 vol. in-fol., obl., cart.

1694 — Recueil de 103 vues de Venise, par Luca Carle-
nariis. 1 vol. in-fol. obl., vél.

1695 — Recueil de 28 pièces ruines antiques, gravées par
Le Bas, d'après Le Roy. 1 vol. gr. in-4°, v.

1696 — Picturæ Dominici Zampieris vulgo Domenichino.
Romæ, 1762; 1 vol. in-fol. cart., fig.

1696 — Le même ouvrage.

1697 — L'Entrée triomphale de Ferdinand VII à Anvers.
1 vol. in-fol., v., fig.

1698 — L'Entrée triomphale de Ferdinand d'Espagne à
Anvers. *Anvers,* 1636; 1 vol. in-fol., v., fig.

1699 — Catalogo degli Antichi Monumenti di Ercolano
per ottavio antonio Bayardi, publiés par les ordres
de Charles, roi de Sicile. *Naples,* 1755-1792; 9 vol.
in-fol., d.-rel., mar. vert.

1700 — Le Costume de plusieurs peuples de l'antiquité.
1 vol. in-4°, v., fig.

1701 — Veteres arcus Augustorum triumphis insignes
ex reliquiis quæ Romæ adhuc. *Rome,* 1640; 1 vol. in-
fol., vél.

1702 — Les Statues antiques de Rome, par F. Perrier.
1 vol. in-4°, v., fig.

8

1703 — Plans des principales villes de Hollande. 1 vol. in-fol., br.

1704 — Topographie et antiquités romaines, par J. J. Boissardo. 6 tomes reliés en 3 vol. in-fol., v.

1705 — Grand nombre de catalogues de ventes publiques qui seront vendus par lots.

Renou et Maulde, Imprimeurs de la Compagnie des Commissaires-Priseurs, rue de Rivoli, 144.　20820

Produit 14 000 environ

www.ingramcontent.com/pod-product-compliance
Ingram Content Group UK Ltd.
Pitfield, Milton Keynes, MK11 3LW, UK
UKHW021738090726
13657UKWH00002B/795